小单位作战技能手册

Small Unit Tactics Manual

胡毅秉 / 编著

台海出版社

图书在版编目（CIP）数据

小单位作战技能手册 / 胡毅秉编著 . –– 北京：台
海出版社，2024.1
ISBN 978-7-5168-3748-1

Ⅰ . ①小… Ⅱ . ①胡… Ⅲ . ①步兵－作战方法 Ⅳ .
① E151

中国国家版本馆 CIP 数据核字 (2023) 第 252912 号

小单位作战技能手册

编　著：胡毅秉

出 版 人：蔡　旭　　　　　　　　　责任编辑：戴　晨
策划制作：纵观文化　　　　　　　　封面设计：戴宗良

出版发行：台海出版社
地　　址：北京市东城区景山东街 20 号　　　　邮政编码：100009
电　　话：010 – 64041652（发行，邮购）
传　　真：010 – 84045799（总编室）
网　　址：www.taimeng.org.cn/thcbs/default.htm
E – mail：thcbs@126.com

经　　销：全国各地新华书店
印　　刷：重庆亘鑫印务有限公司
本书如有破损、缺页、装订错误，请与本社联系调换

开　　本：787毫米×1092毫米　　　　1/16
字　　数：178千　　　　　　　　　　印　　张：11
版　　次：2024年1月第1版　　　　　印　　次：2024年1月第1次印刷
书　　号：ISBN 978-7-5168-3748-1

定　　价：69.80元

目 录

CONTENTS

序言

"地不耕种，再肥沃也长不出果实；人不学习，再聪明也目不识丁。"

——西塞罗

我们总是倾向于孤立地学习各门学科的知识。为了解决这一问题，本手册将对与小单位战术相关的内容进行概述，并尽量避免落入单纯的纸上谈兵或绝对实用主义的窠臼。

本手册的内容分为三个部分：小单位作战的历史、小单位作战的相关学说，以及小单位战术和常用技能。为了突出重要学说的发展历程，本手册会先从小单位作战的历史说起。

本手册的第二部分是小单位作战的相关学说——首先介绍战争理论，然后讲述基本原理，力求涵盖小单位战术的各个层面。此外，这一部分还会介绍特种部队需要执行的几大任务：非常规作战、外国对内防务、安全部队协助、平叛、特种侦察、直接行动、反恐、反扩散和信息战。

本手册的第三部分涵盖了策划、小单位战术和常用技能，会阐述相关的基础理论，以帮助读者理解学说与实战之间的鸿沟。

小单位作战的历史

第一章

早期

中国战略家姜子牙在他的《六韬》中曾提到，要招募兼具才能和斗志的人员组成专门的精锐部队——主要负责执行控制制高点和快速长途奔袭等任务。公元前249年，西西里岛的哈米尔卡·巴卡专门训练了每天能打多场进攻战的部队。在罗马帝国后期或拜占庭帝国早期，罗马海军以精选人员操纵经过伪装的小型高速战舰，去执行诸如侦察和突袭一类的任务。在拿破仑战争中，参战各国也组建了一些来复枪部队和工兵部队，专门负责执行侦察和前哨战斗任务，而不投入正规的线列作战。

最早的特殊小规模部队

英印军队在边境作战时曾部署过两支特种部队：成立于1846年的向导军团和成立于18世纪90年代的廓尔喀斥候，后者最初在1897年至1898年的蒂拉赫之战中以分遣队的形式被投入战斗。

在第二次布尔战争（1899年至1902年）中，英国陆军发现自己需要更专业的部队。一些侦察部队承担了"专业部队"这一角色，其中的代表就是洛瓦特侦察兵团——这是一个在苏格兰高地区域招募的团，该团的士兵都是身穿吉利服的优秀伐木工人，他们精通射击、野外生存和军用战术。这支部队是在1900年由洛瓦特勋爵招募的，早期由罗伯茨勋爵麾下的侦察兵首领——美国人弗雷德里克·拉塞尔·伯纳姆少校领导。

第二次布尔战争结束后，洛瓦特侦察兵团又正式成为英国陆军的第一支狙击手部队。此外，成立于1901年的布什维尔特卡宾枪团也可被视作早期的非正规作战部队。

隶属菲律宾革命军的"卢纳神枪手"（又名"死神射手"），是安东尼奥·卢纳将军在1899年组建的一支部队。这支部队中的成员大多是旧西班牙军队中的菲籍官兵，曾在菲律宾革命中参与作战。这支"神枪手部队"以作战顽强而著称，曾在美菲战争期间的几乎所有重要战役中担当尖刀部队，从而证明了自己的价值。1899年12月19日，在佩耶之战中，利塞里奥·赫罗尼莫将军手下一个名叫博尼法西奥·马里亚诺的神枪手打死了美军的亨利·韦尔·劳顿将军，使其成为这场战争中美军阵亡的军衔最高的人员。

第一次世界大战

德国的暴风步兵和意大利的敢死队是现代史上最早的突击兵种。这两支部队都是以大大高于普通部队的标准训练而成的精锐突击队，主要承担对敌方阵地发起大胆的强攻与奇袭的任务。与暴风步兵不同的是，敢死队不是步兵师编成内的部队，而是被视作独立的作战兵种。

第二次世界大战
1. 英国

突击队

现代特种部队兴起于第二次世界大战期间。1940 年，因为温斯顿·丘吉尔想要一支"经过特别训练的猎手型部队，能够在敌国沿海地带掀起腥风血雨"，英军组建了突击队。参谋军官达德利·克拉克中校先前已经向帝国总参谋长约翰·迪尔将军提交过这样的建议。在得知丘吉尔的意图后，迪尔批准了克拉克的提案。1940 年 6 月 23 日，英军突击队实施了第一次突袭。到了 1940 年秋季，已有 2000 多人志愿参加突击队。

1940 年 11 月，英军成立了一个下辖四个营的特别勤务旅，由查尔斯·海登准将担任旅长。这个特别勤务旅很快就得到了扩编，下辖 12 支被称为"突击队"的部队。每支突击队以一名中校为指挥官，拥有大约 450 名士兵。每支突击队被分为若干中队（每个中队 75 人），而这些中队又进一步被分为若干小队（每个小队 15 人）。

1940 年 12 月，英国在中东建立了一个突击队兵站，负责为该战区的突击队训练和补充人员。1942 年 2 月，查尔斯·海登准将在苏格兰高地的安卡那卡建立了突击队训练站。这个突击队训练站的指挥官是查尔斯·沃恩中校，负责训练完整的部队和个别补充人员。该突击队训练站的训练计划在当时颇有新意，且对体能有很高要求，远超英国陆军的普通训练。而且，这里的工作人员都经过了精挑细选，能力强于任何志愿者。

志愿加入突击队的人员必须带齐所有装备，从斯宾桥火车站徒步 13 千米前往该突击队训练站，然后立刻接受训练与评估。为了使训练尽可能贴近实战，他们在演习中使用的都是实弹和真炸药。强壮的身体是合格的前提，因此他们要通过越野跑和拳击赛来提高体能。他们全副武装，在附近的山岭中沿着各种突击路线（还要经过一条架在阿凯格湖上的滑索）进行速度和耐力行军。此外，他们还要根据训练大纲的要求，夜以继日地进行包括渡河、登山、武器使用、徒手格斗、地图判读和冲锋舟作战在内的各种训练。

在战时，英军组建了30多支突击队，并将其编成四个突击旅。这些突击旅中的突击队员出没于从北极圈到欧洲大陆，从地中海和中东到东南亚的各个战场。他们的作战行动小到以小股人员进行登陆或空降作战，大到以一个突击旅担任盟军在欧洲和亚洲的进攻矛头。现代英国的老牌特种部队，包括陆军伞兵团、特别空勤团和特别舟艇中队，都是由前突击队人员建立的。英军组织的第10（国际）突击队是由来自欧洲沦陷区的志愿者组成的，而法国海军突击队、荷兰特种突击队和比利时伞兵突击旅都是在其影响下诞生的。而且，美国陆军的游骑兵和海军陆战队的突袭团也都在一定程度上受到了英国突击队的影响。

特别空勤团

第一支现代特种部队是英国于1941年7月组建的特别空勤团——源起戴维·斯特林中尉离经叛道的思想和计划。此人在1940年6月志愿加入第8（禁卫）突击队（后来被称为"莱部队"）。莱部队解散后，斯特林仍然相信，由于战争的机械化性质，一小队训练有素的士兵如果发挥奇袭的优势，给敌人造成的打击可以超过一整个排。他主张用接受过跳伞训练的小队士兵在敌后作战——负责收集情报、破坏敌机，以及攻击敌方后勤与增援路线。在与中东地区的英军总司令克劳德·奥金莱克将军进行会谈后，斯特林的计划得到了陆军高层的认可。

特别空勤团最初由5名军官和60名士兵组成。在尼罗河畔的卡布利特兵营进行了大量训练后，特别空勤团L分遣队在西部沙漠进行了最初的作战。后来，一连串的胜利证明了斯特林的想法是正确的。1942年，由远程沙漠大队（该部队自1940年起就在敌后执行深远渗透、秘密侦察、收集情报和袭击任务）负责运输的特别空勤团攻击了布埃拉特，严重破坏了当地的港口、储油罐和仓库设施。同年3月，该团又对班加西港发起了突袭——虽然只取得了有限战果，但却击伤了贝尔卡区的15架飞机。1942年6月，这支部队对克里特岛上的伊拉克里翁、卡斯特利、坦帕基和马莱迈机场的袭击造成了严重破坏，而其对富卡和马特鲁港的突袭则摧毁了30架飞机。

钦迪特部队

在缅甸战场，钦迪特部队依托敌后纵深的基地对日军实施了远程渗透作战，其官兵包括突击队员（来自国王利物浦团第 142 突击连）和廓尔喀士兵。这支部队的丛林战经验是在与日军进行的缅甸丛林血战中，用大量人命换来的。第二次世界大战结束后，这些丛林战经验还在英国特种部队的许多作战中发挥了重要作用。

2. 希腊

1941 年 4—5 月德军占领希腊后，希腊政府逃到埃及，开始组建流亡军队。空军中校亚历山德里斯建议仿照英国特别空勤团的模式，组建一支部队。1942 年 8 月，由骑兵少校安东尼奥斯·斯特凡纳基斯领衔的神选不朽者连在巴勒斯坦成立，其规模为 200 人。同年，这支部队又改名为"圣队"。在英国特别空勤团指挥官戴维·斯特林中校的大力支持下，该部队转移到埃及的卡布里特接受训练。随后，这支特种部队在英方的指挥下，于西部沙漠和爱琴海地区与特别空勤团并肩作战。

3. 澳大利亚

根据英方建议，澳大利亚也开始组建特种部队。首批成立的若干个独立连，于 1941 年年初在维多利亚州的威尔逊岬接受训练（由英国教官提供指导）。每个独立连拥有 17 名军官和 256 名士兵——这些官兵是作为"断后"部队接受训练的，并且他们在 1942—1943 年西南太平洋战场的对日作战中也确实"扮演了这类角色"。在这些部队参加的战斗中，最值得一提的是帝汶岛的游击战和在新几内亚进行的战斗。澳大利亚总共建立了 8 个独立连，后来这些连在 1943 年年中被改编为突击中队，隶属于师属骑兵团（后更名为"骑兵突击团"）。澳大利亚按此编制共组建了 11 个突击中队。

此后，这些突击中队继续独立作战。第二次世界大战后期，这些突击中队常常被配属到旅一级部队，在新几内亚、布干维尔和婆罗洲进行的战斗中主要承担远程侦察和侧翼保护任务。除了这些部队外，澳大利亚人还组建了 Z 特种部队和 M 特种部队。M 特种部队主要负责执行收集情报的任务，而 Z 特种部队则直接执行战斗任务。Z 特种部队最突出的作战行动之一，是于 1943 年进行的"杰威克"行动——该部队在新加坡港炸沉了日军的多艘船只。不过，Z 特种部队于 1944 年对新加坡发起的第二次袭击（"马来虎"行动）则没能取得成功。

4. 美国

战略情报局

第二次世界大战期间，美国成立了由荣誉勋章获得者威廉·多诺万领导的战略情报局（OSS）。该组织是中央情报局（CIA）的前身，主要负责执行特种作战和情报相关任务。此外，中央情报局的特别行动处就是战略情报局的"直系后裔"。

海军陆战队突袭团

1942年2月16日，美国海军陆战队组建了一个专门负责攻击滩头和执行其他特种作战的营。这个营就是美国的第一支特种部队。由于切斯特·尼米兹上将要求美国为太平洋前线提供"突袭者"，所以该营后来被称为"海军陆战队突袭团"。

美国陆军游骑兵

1942年年中，美国陆军驻英国总参谋部的联络军官卢西恩·特拉斯科特少将向乔治·马歇尔上将建议"仿照英国的突击队"组建一支同类型的部队——美国陆军游骑兵由此诞生。

第1特别勤务部队

美国和加拿大联合成立了第1特别勤务部队，用于在挪威执行滑雪破坏作战。第1特别勤务部队后来被称为"魔鬼旅"（该旅也被摸不着头脑的德军士兵称为"黑色恶魔"），曾被派往阿留申群岛、意大利和法国南部执行任务。

梅里尔突击队和阿拉莫尖兵

梅里尔突击队是美国人模仿钦迪特部队组建的，主要在缅甸执行任务。此外，美国人还在1943年11月下旬组建了阿拉莫尖兵（美国第6集团军的特别侦察部队）——在时任第6集团军司令的沃尔特·克鲁格中将的亲自指挥下执行侦察和突袭任务。

按照克鲁格的设想，阿拉莫尖兵由训练有素的志愿者小队组成，主要在第6集团军发起登陆作战前深入敌后纵深活动，负责执行情报收集和战术侦察任务。

特种部队臂章

提到美国的特种部队，就不能不提特种部队臂章。1983 年，美国陆军创立了特种部队臂章。后来军方决定，1955 年前在某些部队（包括魔鬼旅、阿拉莫尖兵和战略情报局作战群）积累至少 120 天战时服役经历的人员都将获得特种部队臂章，从而使这些部队与当今美国和加拿大的特种部队有了一脉相承的关系。

5. 德国

德国陆军的勃兰登堡团是作为特种部队组建的。在 1939 年的"白色方案"、1940 年的"黄色方案"和 1941 年的"巴巴罗萨"行动中，军方情报机关"阿勃维尔"曾利用该部队进行渗透和远程侦察。

第二次世界大战后期，奥托·斯科尔兹内指挥的党卫军第 502 猎兵营屡屡误导盟军车队，并在盟军后方制造混乱。斯科尔兹内的少数部下在被美军俘虏后，故意散播谣言，声称斯科尔兹内正在指挥一场对巴黎的奇袭，旨在刺杀或俘虏德怀特·艾森豪威尔将军。虽然这只是虚张声势，但艾森豪威尔因此一连几天都不敢离开自己的指挥部，而斯科尔兹内也赢得了"欧洲最危险的男人"的称号。

6. 意大利

意大利的第 10 快艇支队在地中海击沉、击伤了吨位可观的英方舰船。此外，意大利还组建了其他特种部队，例如王家空军敢死歼击团（A.D.R.A.）。王家空军敢死歼击团在 1943 年被用于袭击北非的盟军航空基地和铁路。在一次作战中，该团的士兵炸毁了 25 架四发重型轰炸机。

7. 日本

1942 年 2 月 14 日，在荷属东印度群岛的苏门答腊岛上发生的巴邻旁之战中，日本陆军首次动用了空降兵部队。日本人精心策划了这次作战，挺进第 1 联队的425 人负责夺取巴邻旁机场，同时挺进第 2 联队占领了巴邻旁市区和重要的炼油厂。此后，这支空降兵部队又被用于缅甸战场。1943 年，日本还组建了第 1 挺进战车队（装备四辆二式轻型坦克）。后来，日本空降兵部队被编为挺进集团，成为日军的第一支师级突袭部队，驻扎在日本九州岛的空降兵主基地——唐濑原机场。

和其他轴心国组建的类似空降兵部队一样，日本空降兵在战斗中的伤亡率也高得出奇，而损失的人员又是需要经过大量训练才能执行任务的精锐。所以，日本空降兵只参与最关键的作战。在菲律宾会战中，挺进集团的两个挺进团被编入了建武集团——由塚田理喜智少将指挥，隶属南方军。虽然是师团级的编制，但建武集团的战斗力却比一个师团要低得多，因为其下辖的六个联队的兵力都只相当于一个标准的步兵大队，且该集团不仅没有任何形式的炮兵，还需要依靠其他部队提供后勤支援。此外，建武集团的士兵也不再接受跳伞训练，而是依靠飞机来进行运输。

建武集团第 2 挺进团的约 750 名官兵，在 1944 年 12 月 6 日夜间奉命袭击吕宋岛和莱特岛上的美军航空基地。他们搭乘三菱百式运输机潜入，但大部分飞机都被击落了。约有 300 人在莱特岛上的布劳恩地区成功着陆——虽然摧毁了一些飞机并造成不少美军伤亡，但他们最终还是被全部歼灭了。

8. 芬兰

第二次世界大战期间，芬兰陆军和边防军用轻步兵部队组成了远程侦察巡逻队——只有志愿者才能加入，专门以小队形式在敌后纵深作战。这些部队不仅承担了情报收集任务，还对敌方的后勤仓库或其他战略目标实施袭击（通常非常高效）。由于敌后作战的敏感性，这些部队的行动也被列为机密——不仅只有获得官方授权的军事历史学家才能发表关于这些作战行动的著作，就连许多士兵也被要求"将秘密带到坟墓里"。值得一提的是，芬兰的这类部队里有一个著名的指挥官——劳里·托尔尼，他后来加入美军，最后葬身于越南战场上。

第二次世界大战以后

曾任美国特种作战司令部第九任司令（2011—2014 年）的威廉·麦克雷文海军上将，在 2012 年对美国参议院军事委员会所作的态势报告中描述了特种部队作战的两种不同路线。其中，直接路线的特点是"通过技术手段，实现小规模部队的精准致命打击，开展目标明确的情报工作，以及在数字化联网的战场上整合机构间合"；而间接路线则是指由"东道国军队赋能，为人道主义机构提供适当协助，以及与关键人群结成密切关系"。麦克雷文认为，国家级的强力机关必须互相配合，不能过度依赖特种部队之类的单一部门，否则就会使整支军队在各种军事行动中缺乏准备，成为虚有其表的空壳。

在整个 20 世纪下半叶和 21 世纪初，特种部队的重要性日益凸显，因为各国政府发现，有时比起按传统做法动用大部队，一小队隐姓埋名的专业人士能够更好地实现目标。而随着性别限制在世界上的部分地区被取消，女性也开始申请加入特种部队。

小单位作战的相关学说

第二章

这是另一种战争，它的烈度是前所未有的，而其起源却能追溯到古代。这是由游击队队员、破坏分子和刺客开展的战争，它以伏击取代正面交战，以渗透取代入侵，通过骚扰和疲惫敌人来谋求胜利。它以动乱为生。

——约翰·肯尼迪

在现代，最典型的小单位作战，就是特种作战。特种部队的两大使命是非常规战（UW）和外国对内防务（FID）。我们可以认为这是两个针锋相对的概念。UW旨在通过直接加间接的活动来完成任务，通常是在拒绝己方进入的区域进行的；FID则是帮助他国政府平叛、反恐或打击跨国犯罪。无论是UW还是FID，特种部队都应该着重与当地合作伙伴互动并为其提供行动能力。因此，这两大使命都是面向广大人群的、朴实无华的非对称性工作，要求相关人员精通众多技能并具备一定的决心。

本章旨在提供小单位作战的相关学说的概念要点，并概述特种部队的原则性任务。本章将讨论以下几点：

1. 特种作战要诀。
2. 特种部队的基本任务。
3. 特种作战原则。

特种作战要诀

特种部队的战术家必须在其任务策划和执行中贯彻下述特种作战要诀，才能有效地运用兵力。虽然这些要诀可能不适用于所有特种作战，但特种部队的战术家们必须在其任务策划和执行中考虑适用的要诀。

1. 了解作战环境

特种部队的官兵不能主宰环境，只能影响环境。在实施影响环境的行动前，他们先必须评估和理解环境的各个方面（政治、经济、社会、心理、地理和军事）。如果事先没有明确理解战场情况，将平民的影响和敌我能力考虑在内，特种作战就无法塑造作战环境。特种部队的相关人员必须认清友方和敌方的决策者、这些决策者的目的和策略，以及这些人的互动方式。特种部队的相关人员必须对友方决策者施加影响，以确保他们能理解特种作战任务的意义及后果。特种部队的战术家必须随机应变，根据变化的局势调整其行动——他们必须预见到环境的变化，才能把握稍纵即逝的战机。

平民群体是影响特种作战的关键因素之一。特种部队的成员必须了解平民的基本情况、文化、禁忌、信仰、习俗、历史、目标、族群结构和期望。最重要的是，他们必须了解这些不同社会方面的关联动态。特种部队的成员必须知道哪些人能够影响哪些人，以及这种影响又是如何实现的。此外，他们还必须明白对任何一种因素所进行的"操作"，会如何间接影响其他因素。

2. 认识政治意义

特种部队的作用往往是支援性的，是为决定性的军事和非军事活动创造条件。无论是独立展开军事行动还是与常规部队联合作战，特种部队都必须考虑其行动的短期和长远政治意义。

此外，许多特种作战都是为了推动政治目标的实现而开展的。无论是独立作战还是与合作伙伴协同作战，特种部队都必须考虑其行动的政治影响。特种部队的成员必须预见到不明朗的战略和战役环境——在这些环境下，他们要考虑的不仅仅是军事因素。特种作战往往需要为民政机构在当地人群中开展的非军事性活动创造条件——有时候，在军事方面不占优势的情况下，也要优先推动政治目标的实现。

3. 促进跨机构活动

特种部队官兵常常要参与跨机构活动。特种部队的战术家必须致力于使不同机构形成合力。他们必须预见到任务不明、利益和目标相互冲突、不同团体各行其政和令出多门等困难。在缺乏联合指挥的情况下，特种部队的战术家必须明确自己的任务和意图。特种部队必须主动且持续地与所有相关方协调活动。

4. 区别对待不同威胁

各种作战任务往往具有敏感的政治意义。因此指挥官必须谨慎选择运用特种部队的时间、地点和方式。特种作战既可以精准实施，从而尽量减少附带影响，也可以用隐秘的方式或通过当地军队实施，使他人只能发现作战带来的后果。

5. 预测长期影响

特种作战成员必须把每个问题都放到当前的大背景中来审视。然后，他们必须研究出解决问题的长远思路。他们必须接受法律和政治的约束（例如交战规则的约束），从而在取得战术成功的同时避免战略失败。指挥官对直接或短期效果的渴望不能危害到国家和战区的长远目标。

特种作战的政策、计划和行动都必须同国家与战区的优先事项，以及其所支持的目标保持一致——如果不一致，则可能导致特种部队在国家和国际层面丧失合法性与信誉度。

6. 确保合法性与信誉度

在武装冲突中，合法性是获得与维持国内外支持的最关键因素。合法性的概念比国际法的定义更宽泛，它还包含了道德与政治合法性。至于信誉度，其基础是人们对有关事业及方法的可靠性的共同认知。

没有合法性与信誉度，特种作战就不会获得人民或国际社会的支持，而这种支持是必不可少的要素。特种部队的官兵必须理解关于武装冲突的法律，以及适用于其任务的交战规则。最后他们还必须明白，无论是否在执勤期间，他们自身的行为都可能对任务的成败造成深远影响。

7. 预测并控制心理影响

所有的特种作战，无论其总体目标如何，都会对特种部队成员造成重大的心理影响。为了控制或缓解自己受到的心理影响，特种部队的成员必须在行动过程中遵从心理学规律。

8. 拟定多种选项

特种部队必须拟定广泛的应急计划以维持其作战的灵活性。而且，特种部队必须具备在执行任务前或执行任务的过程中"切换选项"的能力。

9. 提供充分的情报

通常，特种作战分队不能在渗透到敌方控制区后，才发现要面对不明朗的局势。在面对意料之外的敌方反应时，他们没有足够的作战能力，或者增援和支援能力。特种作战的成功往往有赖于细致的、近乎实时的、各种来源的情报。特种部队的优先情报需求和信息需求对负责提供支援的情报部门提出了很高的要求。特种作战分队必须确定其情报需求的优先次序，把对任务至关重要的需求与非关键需求区分开来。如果特种作战分队没有拟定切合实际的优先次序，很容易使情报部门不堪重负。

10. 平衡保密与协调

保密非常重要。但是，过度的小圈子化又会使关键人物被排斥在策划循环之外。特种部队的战术家必须在策划与执行任务时解决这些相互冲突的需求。保密不足可能导致任务失败，但过度保密也可能使任务由于协调不足而失败。

特种部队的基本任务

下面我们将介绍一些特种部队的基本任务，特种部队的组织形态、人员配置方案、训练流程和武器装备，都是围绕这些任务而决定的。特种部队使用专业的技术、战术和程序来执行的这些任务，可对常规部队起到一定补充作用。

1. 非常规战

非常规战是陆军特种部队或小规模部队的核心活动和组织原则，也是其基本任务之一。非常规战的定义是"为了使抵抗运动获得胁迫、破坏或颠覆被占领国的能力，通过假手或配合敌方控制区域内的地下军、辅助组织和游击队而开展的活动"。

作为特种部队的一种正式任务，非常规战的起源可以追溯到第二次世界大战初期——尤其是盟军在菲律宾进行的战斗和战略情报局（OSS）的成立。菲律宾的非常规战是历史上最成功的同类作战之一——迫使日军将数以十万计的士兵投入治安战，而不是扩大对澳大利亚的攻势。同样，在欧洲战场，同盟国的特种部队成员（例如英国特别行动局和美国战略情报局的人员）也组织、训练、装备和领导了各大活跃的抵抗运动。例如，法国的游击队员共有大约 10 万名抵抗战士，他们为盟军登陆法国的"霸王"行动的成功做出了直接贡献。按照艾森豪威尔的说法，"游击队对'霸王'行动的价值相当于 15 个正规师"。

在第二次世界大战结束时，美国陆军主要根据班克和沃克曼等战时从事抵抗运动的人员的经验，发展出了自身的非常规战理念。这一理念在 1955 年被正式纳入美国的军事学说，明确了"陆军除与游击队进行简单的合作外，还应承担起更广泛的责任"。约翰·肯尼迪总统对非常规战颇感兴趣，因此美军提高了对非常规战能力的重视程度。

非常规战的目标是削弱敌对政权对国家的控制力，以及人们对其合法性的认识。特种部队在接到指示后，可以为当地抵抗组织提供咨询、训练和协助。

游击战的历史和战争本身一样悠久，它常常能阻挡极其强大的军事机器。拉塞尔·沃克曼曾经描述了一场这样的游击战：

拿破仑在 1807 年到 1813 年间派出 67 万人的大军和 520 门大炮，翻过比利牛斯山去征服西班牙。法国人的这次无端入侵引发了广泛的起义。西班牙人通过游击战使法军不仅无法集中兵力对付威灵顿，还在与游击队的战斗中白白消耗了兵力。拿破仑最终把他的残兵败将撤出西班牙，没能实现他的军事和政治目标。最终，这支军队只有 25 万人和 250 门大炮回到了法国。

这个战例反映了一个道理：游击战能够造成巨大影响——往往大得与游击队一方的兵力不成比例。继拿破仑在西班牙发起的这场战争之后，一个名叫托马斯·爱德华·劳伦斯的人也证明了游击战的威力。

托马斯·爱德华·劳伦斯（1888—1935 年），人称"阿拉伯的劳伦斯"，他是一个无师自通的游击战大师。他的领导才能、创造力、文化修养、理想主义、外交手段和勇气使英国人和阿拉伯人成功将土耳其人逐出了中东。劳伦斯是贵族子弟，毕业于牛津大学，他于第一次世界大战前在中东干了五年的考古发掘工作。第一次世界大战爆发后，劳伦斯应征入伍，成为英国陆军情报部的一名中尉，在开罗从事文案工作（直到 1916 年下半年）。

机缘巧合之下，上司发现了劳伦斯的才能，遂将其派到阿拉伯人的阵营中去担任联络官——因为此时阿拉伯人相信英国政府的承诺，掀起了以争取民族独立为目标的起义。

劳伦斯特别适合这一事业，他总结出了非常规战的六大原则，这些原则体现了军事理论在战争中的重要性：

1. 成功的游击运动必须有一片无后顾之忧的根据地。

2. 游击队的敌人从技术角度来讲必须是成分复杂的。

3. 敌方占领军在数量上必须足够虚弱，无法通过一套紧密连锁的据点系统对双方争夺的区域进行深入占领。

4. 游击队如果不能让民众全力参与，至少也必须获得民众的消极支持。

5. 非正规部队必须具备速度、耐力、影响力和后勤独立等基本能力。

6. 游击队的武器必须足够先进，能够有效打击敌军的后勤和通信弱点。

说到这个复杂的话题，有人可能会问：抵抗运动和造反的区别是什么？抵抗运动是由一部分民众实施的有组织的活动，旨在抵抗占领军——第二次世界大战中法国的游击战和菲律宾的抵抗运动就是很好的例子。而造反虽然也是一种有组织的运动，但其目标——通过破坏和武装冲突手段来颠覆合法政府——并不存在合法性。

第二次世界大战以后，造反和恐怖主义已成为世界上首要的冲突形式。按照马克斯·布特的看法，其原因不难理解，因为这种战争形式"廉价而方便——既不需要采购昂贵的武器系统，也不需要建立复杂的官僚机构。而且它行之有效，至少有时候是这样的"。下面，我们简要列出自弗朗西斯·马里恩在南卡罗来纳州发动游击战以来，世界上的一些成功的游击战争：

· 弗朗西斯·马里恩的非常规战（1781—1783 年）

· 海地革命（1791—1804 年）

· 西班牙半岛战争（1808—1814 年）

· 希腊独立战争（1821—1830 年）

· 第一次布尔战争（1880—1881 年）

- 劳伦斯领导的阿拉伯起义（1916—1918 年）

- 爱尔兰独立战争（1919—1921 年）

- 二战中的南斯拉夫游击战（1941—1945 年）

- 缅甸会战（1942—1945 年）

- 麦克阿瑟的菲律宾非常规战（1942—1945 年）

- 印尼独立战争（1945—1949 年）

- 第一次印支战争（1946—1954 年）

- 阿尔及利亚战争（1954—1962 年）

- 卡斯特罗领导的古巴革命（1956—1959 年）

- 越南战争（1959—1975 年）

- 厄立特里亚独立战争（1961—1991 年）

- 柬埔寨内战（1967—1975 年）

- 孟加拉国解放战争（1971 年）

- 罗得西亚丛林战争（1972—1980 年）

- 尼加拉瓜战争（1977—1979 年）

- 阿富汗战争（1978—1989 年）

- 科索沃解放军发起的战争（1992—1999 年）

- 东帝汶战争（1975-1999 年）

下面，我们简要列出一些不成功的游击战：

- 爱尔兰游击战（1799—1803 年）

- 高加索战争（1817—1864 年）

- 莫斯比的南方邦联军参与的战争（1863—1865 年）

- 波兰起义（1863—1865 年）

- 第二次布尔战争（1899—1902 年）

- 美菲战争（1899—1902 年）

- 俄国内战期间的民族主义游击队的战斗（1917 年）

- 坦波夫叛乱（1919—1921 年）

- 爱尔兰内战（1922—1923 年）

- 爱尔兰共和军的 S 计划作战（1939—1941 年）

- 西班牙的游击战（1939—1965 年）

- 意大利人在埃塞俄比亚的游击战争（1941—1943 年）

- 爱尔兰共和军的北方作战（1942—1944 年）

- 乌克兰反抗军的战斗（1944—1949 年）

- 纳粹德国的狼人运动（1945 年）

- 希腊内战（1945—1949 年）

- 马来亚紧急状态（1948—1960 年）

- 肯尼亚茅茅起义（1952—1960 年）

- 爱尔兰共和军的边境作战（1956—1962 年）

- 巴基斯坦的帕拉里游击队（1962—1969 年）

- 阿曼的佐法尔叛乱（1962—1976 年）

- 多米尼加共和国的战争（1965—1966 年）

- 乌拉圭战争（1965—1973 年）

2. 外国对内防务

除了非常规战，外国对内防务也是特种部队的一项基本任务。外国对内防务的定义是"一国政府的民事和军事机构参与另一国政府或其他指定组织旨在消除和防范破坏活动、不法行为、叛乱、恐怖主义及对其社会安全的其他威胁的任何行动计划"。

外国对内防务是一种公开、直接的手段，目的是帮助东道国政府消除与防范叛乱或不法行为。与此相对，非常规战是对军事力量隐蔽或秘密的应用，也就是使用非正规军以间接的方式扩展作战范围。

与非常规战一样，外国对内防务也是一个比较宽泛的概念，其涵盖了各种各样的活动（例如平叛）。特种部队执行的外国对内防务任务，可能是为了使某个国家能够打击叛乱、恐怖主义或跨国犯罪。在过去，特种部队的大部分外国对内防务任务的目标，就是支持盟友或者友好政府打击叛乱和类似的内部威胁。

无论威胁是什么，特种部队在冲突期间的主要外国对内防务任务都是为东道国的军事和准军事力量提供训练、咨询和协助，并在必要时与其联合作战。此外，外国对内防务任务也不局限于冲突期间，还可能以训练演习的形式开展。

3. 安全部队协助

特种部队的第三个基本任务是安全部队协助。安全部队协助与外国对内防务有重叠，但并不是互相包含的。在战略和战役层面上，安全部队协助与外国对内防务都着眼于发展外国安全部队的规模与能力。安全部队协助与外国对内防务的唯一不同之处在于，安全部队协助还包括帮助外国安全部队做好抵抗外来威胁和参与国际联合行动的准备。

4. 直接行动

直接行动是特种部队的一种基本任务，它的定义是"在敌方控制的或者政治敏感的环境中，以特种作战的形式实施的短时间打击和其他小规模攻击行动"。直接行动旨在运用专业的军事能力夺取、摧毁、捕获、利用、恢复或破坏指定目标。

在实施直接行动时，特种部队可以：单独或组合运用突袭、埋伏或正面突击战术（包括近距离战斗）；进行狙击作战；埋设地雷或其他炸弹；从空中、地面或海上平台进行防区外火力打击；为精确制导武器提供末段引导；实施独立破坏活动；开展反舰作战。

纵观特种部队的历史，成功的直接行动都是以"外科手术式的精准"为特点的。由于特战分队的规模小、火力有限，直接行动任务的成功有赖于速度、隐蔽性、突然性、协同性质，以及黑夜的掩护。

5. 特种侦察

特种侦察的定义是"运用常规部队通常不具备的军事能力，在敌方控制的或者政治敏感的环境中以特种作战的形式实施的侦察与监视行动，目的是收集或验证具有战略或战役意义的情报"。特种侦察就是在敌方控制的或者政治敏感的地区提供"盯着目标的眼睛"，例如美国特种部队在老挝或柬埔寨执行过的任务——通过这些特种侦察任务发现了敌军集结地，然后利用 B-52 的毁灭性打击切断了其交通线。

不仅如此，特种侦察任务还可以在公开的冲突开始前进行，从而为指挥决策提供必不可少的情报和态势认知，例如 1991 年第五特战群和第 160 特遣队在"沙漠风暴"行动中执行的特种侦察任务。在发起地面入侵之前，有 13 支特战分队（特种侦察小队）渗透到了伊拉克腹地，有的特战分队深入敌后达 240 千米。这些特战分队是多国联军的耳目。

此外，特种侦察行动可能还包括：搜集关于实际或潜在敌人的活动情报，获取特定地区的气象、水文或地理特征数据。此外，特种侦察可能还涉及对敌方控制区域的化学、生物、残留核物质、辐射或环境灾害的评估，以及目标获取、区域评估和打击后侦察。

6. 反恐

反恐的定义是"针对恐怖主义网络采取的直接行动，以及为了影响和破坏恐怖组织网络在全球与地区的生存环境而采取的间接行动"。与直接行动和特种侦察一样，特种部队拥有在敌方控制地区或政治敏感的环境中实施反恐行动的能力。因为大部分反恐活动都事关机密，所以不在本手册的讨论范围内，但可以说的是，特种部队在反恐领域的主要任务是运用专业能力预防和解决恐怖主义事件。

7. 信息战

信息战的定义是"在军事行动期间，综合运用与信息相关的能力，配合其他方面的行动，以影响、扰乱、破坏或夺取敌人或潜在敌人的决策能力"。

特种部队可以在作战的各个阶段开展信息战。

特种作战原则

成功的特种作战都是通过遵循六大原则而获得相对优势的。特种部队只要制定简单的计划，小心保密，根据实际情况反复演练，并在执行中贯彻突然性、快速性和目的性，就能够获得相对优势。

这套理论之所以重要，是因为成功的特种作战都是打破常规的行动。特种作战理论的核心是克劳塞维茨式的"相对优势"概念：

相对优势是对特种作战至关重要的概念。它是指规模较小的进攻部队获得相对于规模较大或防守严密的敌军的决定性优势。相对优势是在交战的关键时刻取得的。相对优势一旦丧失就很难恢复。要取得相对优势，特战人员就必须在作战的三个阶段（策划、准备和执行）中考虑一些原则。

以下就是特种作战的六大原则：

简单——作为战争和策划的原则，简单是特种部队应该遵守的最关键而又最常被低估的原则。简单是其他五大原则的支柱。经常有作战计划因为过于复杂而毁于偶然事件。例如，折戟沉沙的解救人质作战"鹰爪"行动相对于其规模而言，就是有史以来策划得最复杂的行动之一。它根本没有容错余地。怎样才能把计划做得简单？有三个简单要素：限制目标数量、做好情报工作、有创新。

保密——这也是一条战争原则，即防止敌人通过事先得知攻击行动计划而获得优势。

反复演练——在准备阶段，像日常活动一样反复演练是克服困难和取得成功的要素。不断反复演练是"连接策划阶段的简单原则和执行阶段的突然性及快速性原则的重要环节"。

突然性——它不仅是一条战争原则，也是一种战术手段。正如孙子所言，它是指在敌人意想不到的时间或地点，以敌人缺乏应对的方式打击敌人。战术突然性可以使敌人犹豫不决或误判形势。但是战术突然性是稍纵即逝的。指挥官必须在敌人明白过来之前利用好突然性优势。关于这一点，大家不妨看看《孙子兵法》。

比利时的埃本埃马尔要塞在遭到突袭时，堡垒顶部设置了用来防范空中突击的高射炮；美军在甲万那端营救战俘时，有225名日本士兵负责看守这些战俘。在上述这些战例中，守军都做了防范突袭的准备工作，但是所有这些战例都达成了突然性。根据克劳塞维茨的观点，成就突然性的两个要素就是隐秘和速度。

快速性——从某种意义上讲，速度快就意味着保密性强。在特种作战中，"快速性"的概念很简单：尽可能快地到达作战地点。任何延迟都会增加己方的破绽，减少达成相对优势的机会。有一句话是这么说的："战争只有一条原则，就是——尽可能快、尽可能狠地打击对手，在他不注意的时候，打在让他最痛的地方。"

目的性——所谓目的性，就是要理解任务的主要目标，然后无论出现怎样的障碍或机会都要实现这些目标。任务说明要明确定义任务的目标（如营救战俘、摧毁船坞、炸沉战舰等）。这种任务说明要确保在激烈的战斗中，无论发生什么情况，每个士兵都能明白主要目标是什么。

小单位战术和常用技能

特种部队的指挥官都是"战术家"，而这里所指的战术就是：可在战斗中灵活运用各种类型的部队；能命令部队变换队形和机动方式，从而充分发挥士兵的潜力。

战斗技巧与机动

要想成为一支有战斗力的队伍，就必须明白，简单的标准程序和明确的命令对战斗结果能产生巨大影响。有效的标准程序既能让战术指挥官立即拿出计划，并根据形势需要快速修改计划，也可以让训练有素的士兵及时作出反应，从而令敌人感到困惑，甚至陷入恐慌。从敌人意想不到的方向袭来的火力，会让他们慌了手脚。

指挥官一定要根据具体的敌情、地形、气候、作战环境，以及士兵所掌握的个人技能等因素来调整标准程序。可以说，标准程序就是供指挥官使用的"工具"，指挥官可以用它来组合生成各种战术。

1. 团队应该遵循的基本原则

及时作出反应。

保持火力的持续性。

与敌人接触后实施的任何机动都必须有掩护火力。

尽可能攻击敌人侧翼。

2. 战术指挥官应做的事

判读地形——要考虑视线和火力无法触及的死角区域。

预测敌人的行动。

快速对地形做出判断，并判断敌人和友军的相对位置与兵力。

不断思考当前形势，并想出对策。

根据受训时学到的标准程序，快速发出命令。

3. 应对敌方火力

在遭遇敌方袭击时，士兵可执行 RTR 程序。所谓 RTR 程序，就是指士兵按以下步骤来应对敌方火力：还击（反射式开火）、进入掩体、以适当火力还击。

在任何需要立即做出反应的情况下，训练有素的士兵都会贯彻使用"头、身、武器"这一口诀。也就是说，每当士兵需要转身面朝目标与之交战时，都会同时将处于巡逻位置或低戒备位置的武器调整到准备射击位置。他们不会做出武器转而人不转的动作——这是为了避免将枪口错误地指向战友。

在面对威胁时，"头、身、武器"指的是：

头——转头识别威胁。

身——身体转为动态射击姿势，面向威胁方向。

武器——将武器调整到准备射击的姿态，并与敌人交战。

这里，有两点需要特别提及。第一点是动态射击姿势，即将武器抬高到准备射击的位置，夹紧手肘，同时让双脚处于"战斗姿势"（一只脚略靠前并屈膝，身体前倾）。士兵可以用这个姿势朝位于任何方向的掩体移动。第二点是快慢机，即士兵在巡逻时应该始终将拇指放在快慢机上，且始终将快慢机设在"保险挡"，除非已确认要射击的目标。确认目标后，士兵需要用拇指将快慢机拨到"射击挡"，同时将武器从巡逻或低戒备位置抬高到准备射击位置。交火结束后，士兵应将快慢机拨到"保险挡"，同时放低武器。

在转移阵地时，"头、身、武器"指的是：

头——转头识别下一个掩体，或者不经过战友前方就能到达掩体的安全路线。

身体——开始转身移动。

武器——移动时将武器放低到巡逻位置。此时，士兵一定要注意枪口指向，在奔跑时不要将枪口错误地指向任何人。

一般来说，反射式开火的类型（距离不超过25米）主要有三种：控制两连射（两次快速瞄准射击，即瞄准、射击、瞄准、射击）、锤式两连射（快速瞄准后射击两次，即瞄准、射击、射击），以及持续连射（也就是所谓的连射，即瞄准、持续射击）。持续连射和锤式两连射是在反射式开火的距离内射击单个或多个目标的技巧。

有时候，士兵确定敌人所处位置的难度极大。因此，RTR 程序中的"还击"步骤是可以省略的。也就是说，士兵只在明确了敌人的位置且必须实施火力压制的情况下才进行还击。如果士兵遭到了敌人的攻击，且不确定敌人的位置或看不到敌人，那么优先事项就是进入掩体，然后再考虑以适当火力还击（这就是所谓的 TR 程序）。进入掩体并还击的顺序可以是：冲刺、卧倒、匍匐、观察、瞄准、开火。具体来说就是：

冲刺：快速前冲并转为飞扑。

卧倒：扑向地面，并保护好武器。

匍匐：匍匐进入可用的掩体。

观察：寻找敌人。

瞄准：用瞄具测定距离，瞄准目标。

开火：射击敌人。

简单来说，士兵可采用以下流程（方式）来应对敌人的袭击：

遭到袭击 → 还击 → 进入掩体 → 以适当火力还击 → 执行合适的作战程序。

遭到袭击 → 看不到敌人 → 进入掩体 → 以适当火力还击 → 执行合适的作战程序。

遭到袭击 → 敌人火力太猛 → 进入掩体 → 以适当火力还击 → 执行合适的作战程序。

遭到袭击 → 敌人太远 → 进入掩体 → 以适当火力还击 → 执行合适的作战程序。

4. 掩体与遮蔽

掩体就是可以阻挡敌方火力的物体。不过，掩体是一个"相对的概念"，既与射向你的火力相关（能抵御一种火力的掩体可能防不住另一种火力），也与你和敌人所处的位置相关——对于来自某一方向的敌人，掩体可以保护你，但如果敌人移动到你的侧翼，掩体就失效了。

遮蔽是指某种能防止你被敌人看见，但却无法防止子弹击中你的东西。它可能是植物或木板墙，也可能是别的容易被击穿的物体。

我们常说的"紧贴掩体"，是指一定要贴近自己用来当掩体的物体——在街垒射击操作程序中就有类似的教学示例。此外，在利用树木作为掩体时，也要紧贴树木（判断树木是掩体还是遮蔽，取决于其粗细程度和来袭火力的类型）。紧贴掩体的问题在于，这样做会限制你的视野，减少你的选择余地。善于机动的敌人，一定会借此机会来利用你的视野盲区。不过，这并不是绝对的，如果你面前有多个敌人，你也许不得不紧贴可用的掩体。

此外，还有一个技巧叫"堆叠树木"：在林地环境中，如果能与树木拉开一定距离，就可以利用多棵树木来获得阻挡敌方视线和火力的额外掩护。在拉近或拉远与敌人之间的距离时，你可以利用树木，在被树干遮挡的区域里移动，使敌人在你机动时找不到射击你的机会。当然，我们也不要照本宣科，因为虽然这一技巧名为"堆叠树木"，可你能够利用的东西并不仅仅是树木。切记，在使用这种技巧时，你要与被自己利用的树木（物体）保持一定距离。

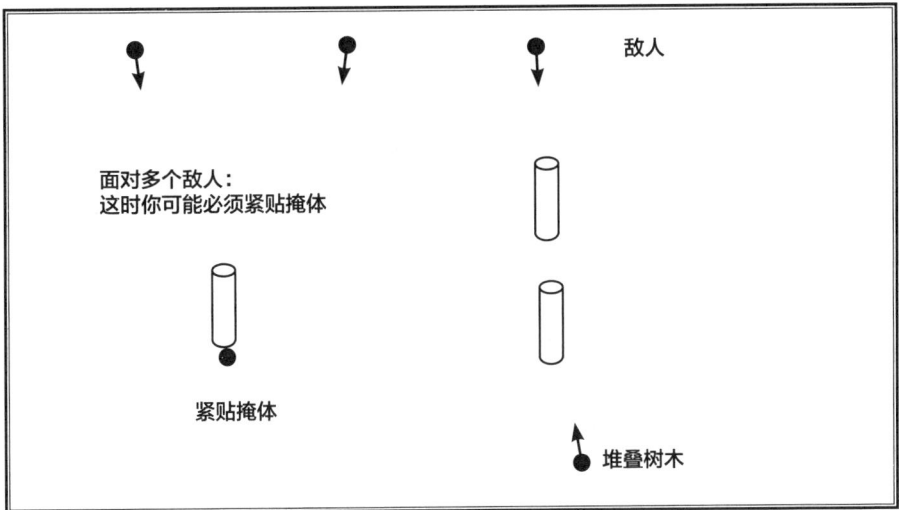

面对多个敌人：
这时你可能必须紧贴掩体

敌人

紧贴掩体

堆叠树木

紧贴掩体和堆叠树木。

在这里，我们还要提及一个技巧——"依托掩体观察"，即在巡逻和进行机动射击时，士兵应该始终注意寻找下一个掩体。在巡逻过程中，士兵需要时常扫视周围环境，找到一旦发生交火就可以立即进入的掩体。在射击加机动的过程中，作为"头、身、武器"动作的一部分，头部动作包括确定自己接下来要移动到哪个地方。但是在进入掩体后，士兵可能会发现自己无法看到敌人所在的位置。此时，就需要使用"依托掩体观察"这一技巧了，具体注意事项如下：

从水平方向观察——需要朝侧面移动，以获得不受阻挡的视野，从而能够瞄准敌人。

从垂直方向观察——采取标准卧姿、跪姿和立姿时，由于地面的起伏，为了能从掩体处看到敌人，你可能需要从垂直方向依托掩体观察。最终你采取的射击姿势，可能是根据地形进行调整后的混合姿势。反过来讲，如果你需要站起身才能瞄准敌人，那就意味着虽然你仍然身处掩体中，但可能已经暴露在侧翼的敌人的视野下了。

枪口高度差——在依托掩体观察，以及身处有微小起伏的地形中时，你可能需要注意枪口高度差的问题。有时你能够通过瞄准具看到敌人，但从枪口射出的子弹却可能会撞上障碍物。也就是说，在地面有微小起伏的情况下进行射击，很有可能你明明瞄准了敌人，子弹却没有命中目标——因为子弹离开枪口时会低于瞄准线（它也许会在你前方十来米的地方击中了地面）。此外，还有一些情况也与此类似，比如在依托街垒或汽车引擎盖进行射击时。

在利用掩体时，士兵务必将身体尽量隐藏在掩体后面。因此，我们就不得不提及"强侧与支持侧射击技巧"了。一般来说，右撇子射手应该从掩体右侧依托掩体射击（这条原则也适用于紧贴掩体，以及与掩体拉开距离时）。如果要从掩体左侧射击，那么右撇子射手就需要把武器换到支持侧——像左撇子射手一样射击。有几种方法可以做到这一点，其核心都是只能用一只手握住握把。

方法1：射击手前移 → 支持手后移到握把处 → 换肩 → 调整双脚位置。
方法2：换肩 → 射击手前移 → 支持手后移到握把处 → 调整双脚位置。

偏肩射击是一种快捷的转换方法，即将枪托换到支持侧的肩膀上，而射击手仍然留在强侧位置。也就是说，右撇子射手仍然可以用右手握持武器的握把，仅需更换顶住枪托的肩膀即可。这是一种适应性较强的办法——射手不需要完全转为支持侧姿势，可以在一定程度上适应瞬息万变的城市战环境。

一般来说，士兵通常需要将武器背带从身上取下（但仍然需要将背带挂在脖子上），从而为将武器换到支持侧肩膀上时，提供足够的活动余地。

如果将武器移到支持侧，士兵还需要以非惯用眼来使用瞄具。只有经过练习，并达到相当高的水准后，士兵才能考虑在战斗中使用支持侧射击的方式。此外，双手互换操作武器也需要进行练习。在尚未熟练掌握相关技巧时，如果遇到故障导致射击中断，士兵最好先把武器换到惯用侧再处理故障。在近距离作战时，瞄具使用的问题会小一些，因为士兵可以使用"指向式射击"。

在依托街垒、墙壁或树木射击时，熟练掌握支持侧射击技术特别重要，因为士兵有时需要从自己并不习惯的方向依托掩体射击。在这种情况下，掩体边缘的垂直角度是一个关键因素。士兵在将枪口斜着伸出掩体并瞄准射击时，身体和腿必须隐藏在掩体后面。如果士兵需要在强侧和弱侧之间切换姿势，一定要确保在掩体后面进行操作，直到做好射击准备后才能依托掩体射击。士兵在使用跪姿射击时，其离街垒边缘最近的小腿应该保持竖立姿势。对右撇子射手来说，这就意味着他从掩体右侧射击时，右小腿要垂直于地面，左膝要着地。采用这种姿势，可以让士兵的身体不会暴露太多，而且万一中弹，他也会倒在掩体后面，而不是倒在掩体外面。

5. 在火力下机动

在战斗中，最难做到的两件事，可能是定位敌人和在敌人的火力攻击下撤出伤员。

当士兵按标准程序应对来袭火力时，他们可能看不见敌人。这时，他们就需要判断，是进入掩体，还是继续射击并压制敌人，从而让战友活下来。如果他们选择进入掩体，那他们就会面临在此期间战友会不会被敌人击中的问题。或许，下面这些方式可以在一定程度上解决这一问题：

1. 如果敌人的攻击准确到足以造成严重后果，也就是说我方正在出现伤亡，或者不进入掩体就会出现伤亡，那么士兵就需要立即进入掩体。

2. 如果士兵在近距离接触（也就是"近距离伏击"）的情况下，能看到敌人，那么他可以执行 RTR 程序。虽然在训练中，RTR 程序是"按常规操作"来执行的，但随着训练水平的提高，也可以把它变成进攻性流程。也就是说，士兵在遭到敌人的攻击时，可以大胆地进行反射式还击，并且一边射击，一边向掩体机动。这样一来，关于"射击还是进掩体"的取舍就不存在了：士兵既能够保护战友，又能够避免自己被击中。

3. 如果士兵看不到敌人或不确定其方位，他就应该进入掩体，否则他也会成为明显的目标。当敌人朝我方士兵开火时，他们应该做到立即在敌人的视线中消失，全体进入掩体。不管怎样，士兵都必须立即做出反应，切忌站着不动。

6. 对掩体射击

对掩体射击是 RTR 程序的进阶版，通常适用于在空隙狭小的环境（例如林地、灌木丛或热带雨林）中遭到射击，但又看不到敌人在哪里时。此时，士兵必须尽快按照 RTR 或在火力下机动等程序操作，进入掩体。虽然此时士兵看不到敌人，但他知道敌方的火力来自哪个方向。等己方的队员都已进入掩体后，在执行突击穿透或脱离接触之类的战斗程序之前，士兵应该执行对掩体射击程序。

在这里，必须特别注意的是，士兵应根据己方遭到射击时所处的环境，在进行还击前先明确识别敌人，尤其是在周边有非战斗人员的情况下。因此，瞄准射击和注意观察周围环境都是很有必要的。对掩体射击程序适用的情形是：当前环境中只有己方和敌方，且己方无法确定敌人的具体位置，只知道己方遭到了攻击，需要进行还击。

这时，士兵必须谨慎应用对掩体射击程序：每个人都要将自己前方的区域分为"左中右"或"近中远"几部分。从左侧或右侧开始，每个人以"S"形路线观察各个区域，最后观察中央远端区域。每个人都要观察每个掩体和遮蔽处，对每一个可疑的地方打三发子弹——左边、中间和右边各一发。

如果敌方火力并非来自一大片无法透视的掩体或遮蔽物处——虽然看不见敌人，但在己方面前有一个或多个明显可能藏着敌人的位置，例如一排树木、植被覆盖区域或建筑物——即使看不见敌人，士兵也应该知道敌人很可能躲在哪里。此时，士兵需要将火力集中到很可能有敌人藏身的区域。

一般来说，对掩体射击是作为班组标准操作程序来执行的，指挥官应该指定为执行这项任务而消耗的弹药量（比如一两个弹匣）。对掩体射击的目的既不是火力侦察，也不是"驱赶"敌人，而是击毙位于可能存在的掩体后面的敌人。在完成对掩体射击程序后，班组成员需要继续执行适当的程序——无论是突击穿透，还是脱离接触。

7. 射击加机动

　　射击加机动（以两人搭档为例，就是一人射击，一人机动）是小规模部队（小单位）遭遇敌方火力射击时要遵循的基本原则：在与敌人保持接触的情况下，我方的任何机动都不能没有压制火力。这里有两个关键点需要注意：

　　压制火力：能够改变敌人行为的精确火力，即可以杀伤敌人或使敌人进入掩体（使其受到压制）的火力。压制火力并不是制造一定的火光或噪声就好，它必须精准到足以影响敌人。

　　射速：步兵只能携带数量有限的弹药，而一旦与敌人接触，又必须在压制敌人的前提下实施机动。因此，士兵必须确定敌人的位置，并进行精确的火力打击，从而达到压制敌人以便实施机动的目的。这时，小队指挥官不仅要根据具体情况，指挥不同小组以不同射速发扬火力，还必须对射击进行控制。一般来说，"谨慎且持续的射速"等于每分钟发射10发子弹，而高射速则等于每分钟发射30发子弹。

　　在遭到敌方攻击时，指挥官可以按照分队标准操作程序，发令实施高速射击并持续一定时间（例如15秒）。在很多时候，实施高速射击可夺取火力优势（赢得火力战），以及在关键时刻掩护战友（例如掩护他们通过开阔地）。

　　至于波浪式射击，则是指小组成员排成一线，每名士兵依次开火。这样做，既可以持续压制敌方阵地，又能进一步放慢射速。此外，指挥官还可以要求小队里的各个小组射击特定目标，并视情况命令各小组"继续"或"停止"射击以节省弹药（例如命令第1小组继续射击，命令第2小组停止射击）。指挥官必须明白一件事，即"在战斗中，弹药就等于时间"。

　　在这里，我们必须关注三个要素：射击、机动与通信。具体来说，就是通过射击来压制敌人，然后在战友的压制火力支援下交替机动，并保持通信顺畅（这是三要素中必不可少且最难实现的）。

　　射击加机动的目的，就在于尽量提高敌人击中你的难度。与一名或更多战友并肩作战时，士兵应该确保口头交流或命令尽可能简短。全队的机动应该是一个连续的过程，所有士兵都要无缝地融入进去。

举个例子，当你进入射击阵地并开始射击敌人时，要喊出"上"或"就位"等口令，然后战友就可以开始机动了。你的呼喊就是告诉他，你会掩护他。而他也会知道你在射击敌人，他该机动了。等他进入掩体，也喊出"上"或"就位"等口令后，就轮到你机动了。一般来说，机动的程序如下：

第一步，确定自己的下一个掩体。

第二步，朝侧面或后面匍匐退出自己现在的掩体。

第三步，起身并快速冲刺，切记随机改变前进方向。每次机动的距离最好为4—9米，时间最好为3—5秒。此外，还要根据当前的情况，呼喊不同的口令，比如"我起身了"或"他看到我了"。

第四步，匍匐进入掩体。

第五步，向敌人射击。

大多数情况下，常用的通信术语包括："上"或"就位"——告诉战友，你在掩护他，他可以机动了；"在上了"——让你的战友知道你在跃进；"哑了"或"空了"——你需要在掩体后面充分隐蔽，修复武器故障或进行战斗装填，战友如果正在机动，应该就地卧倒，掩护停止射击的你；"有人中弹"——有伤亡，需要维持火力优势；"好了"——通知战友自己已恢复火力。切记，当有人打空弹匣或正在处理武器故障时，他的战友应提高自身的射速，以作火力补偿。

提到通信术语，就不能不提及"暗示通信"。对于训练有素的团队而言，可以用暗示的方式来代替许多口头命令，比如队员们可根据队长的行动来判定其意图——如果队长向前跃进，队员们就会跟着前进；如果队长退回来，队员们就会跟着退回来。一般来说，只要达到一定的训练和信任水平，当一组人提供掩护火力时，另一组人就知道自己可以机动了——除非他们接到了明确的"要求留在原地"的命令。此外，暗示通信也可用于极度嘈杂或混乱的环境中，例如很难听到口头命令的时候，或者手势信号效果不佳的时候。

8. 队形

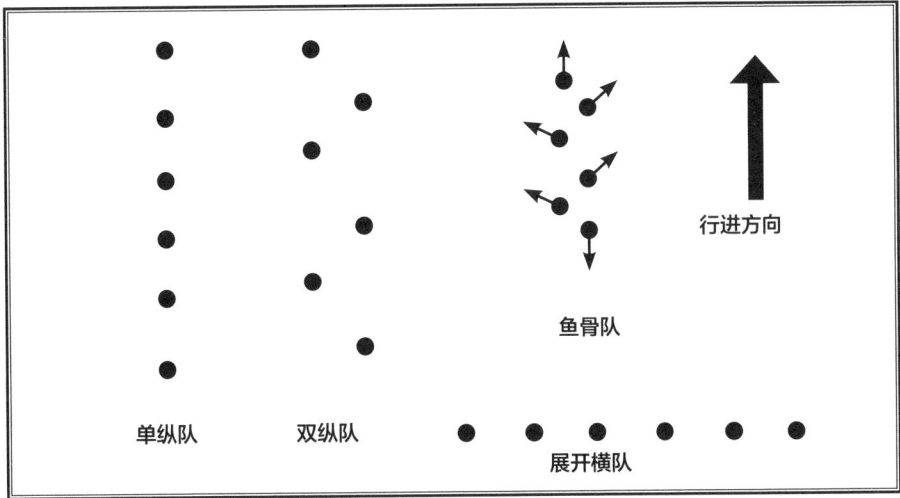

常见队形。

　　大多数情况下，队伍在空隙狭小的原野上行进时适合采用单纵队，在道路上或开阔的原野上行进时适合采用双纵队，在预计会与敌人接触时适合采用横队，在短暂停留时适合采用鱼骨队。需要注意的是，双纵队是一种多用途队形，可以在某些地形环境中转为单纵队，它的作用很像改良楔形（菱形）队或方队。对于大部分机动来说，双纵队都是非常通用的队形。

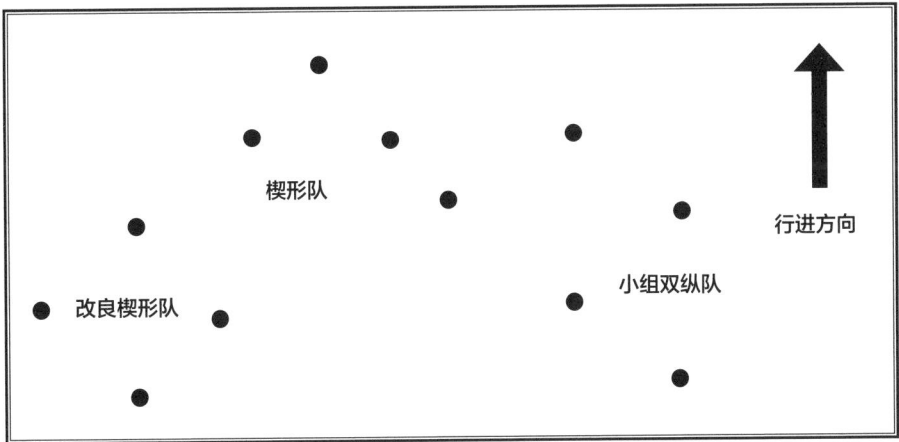

小组队形。

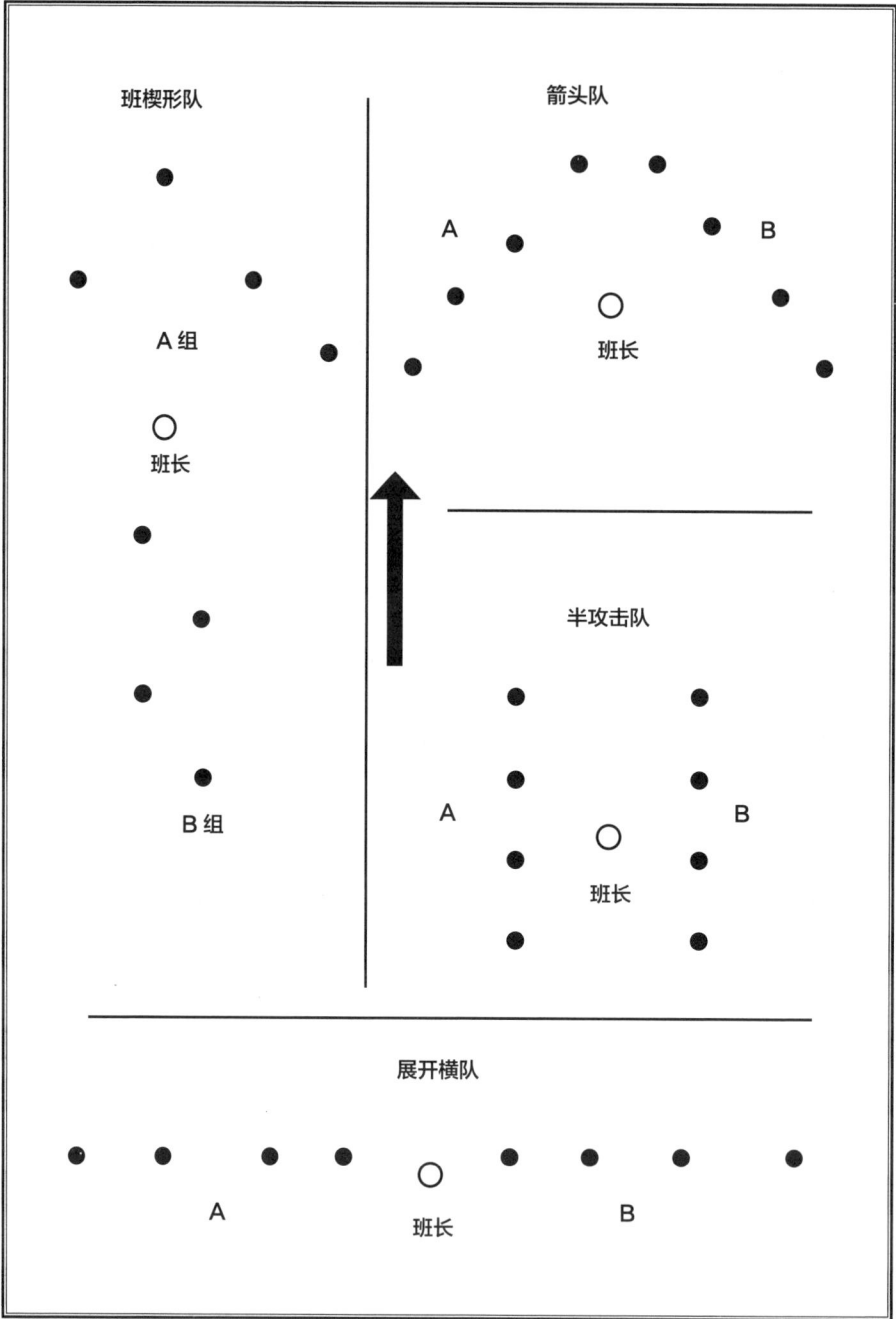

班楔形队

箭头队

A

B

A 组

班长

班长

半攻击队

班长

A

B

B 组

班长

展开横队

A

班长

B

班队形。

38

有一些队形，比如半攻击队、箭头队和展开横队是班队形展开过程中的变化形式。因此，部队要根据威胁等级、威胁来源、地形和与敌人接触的快慢来选择相应队形。半攻击队与双纵队的区别在于，半攻击队中的两个组是左右并列的，而双纵队中的两个组是前后交错的。也就是说，在半攻击队中，A组在左，B组在右，而在双纵队中，A组在前，B组在后。

9. 班机动

全班所有小组一起机动时，各人员之间应保持适当的间隔（4—9米）。在警戒行进时，班里的各小组应拉开战术跃进的距离。这样一来，如果一个小组与敌人发生接触，那么另一个小组就不会被卷入其中，而是处于可以提供支援的状态。

在执行班警戒跃进时，各小组应占据警戒阵地，并掩护其他组机动。在大多数情况下，班级部队在执行班警戒跃进时需要保证己方既没有遭到火力射击，也没有确定敌人的位置，仅仅是处于有高度威胁的环境中。与射击加机动相比，警戒跃进可以提供更多机动自由，移动更长的距离。当然，此时士兵也可以利用地形，机动到可以为战友向前跃进提供掩护的阵地上。不过，有时候士兵要运用射击加机动的方式，直接朝面对敌人或背离敌人位置进行机动。

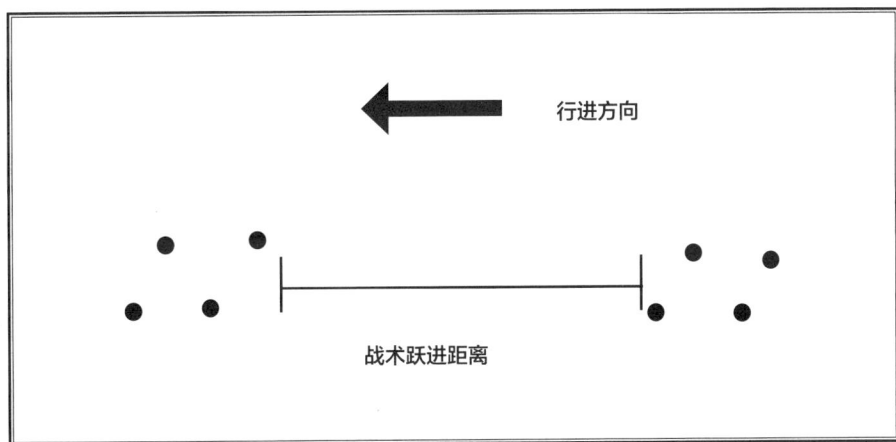

在警戒行进时，各小组应拉开战术跃进的距离。

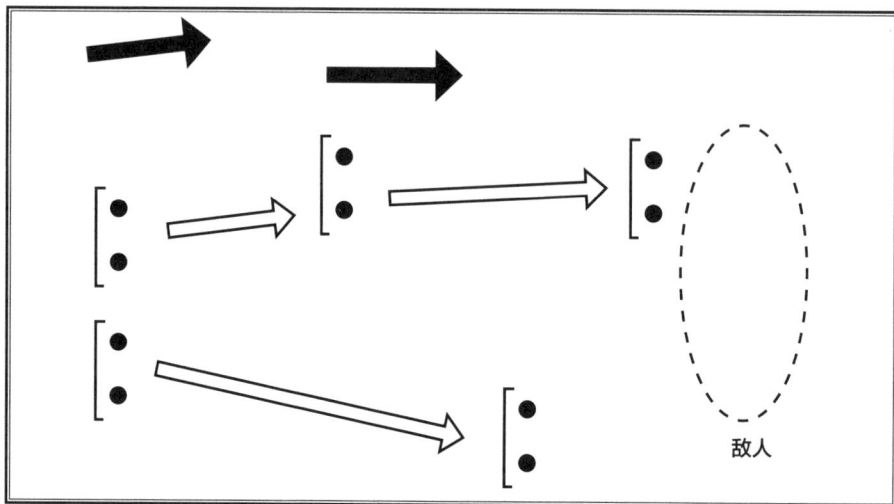

基本的小组警戒跃进。

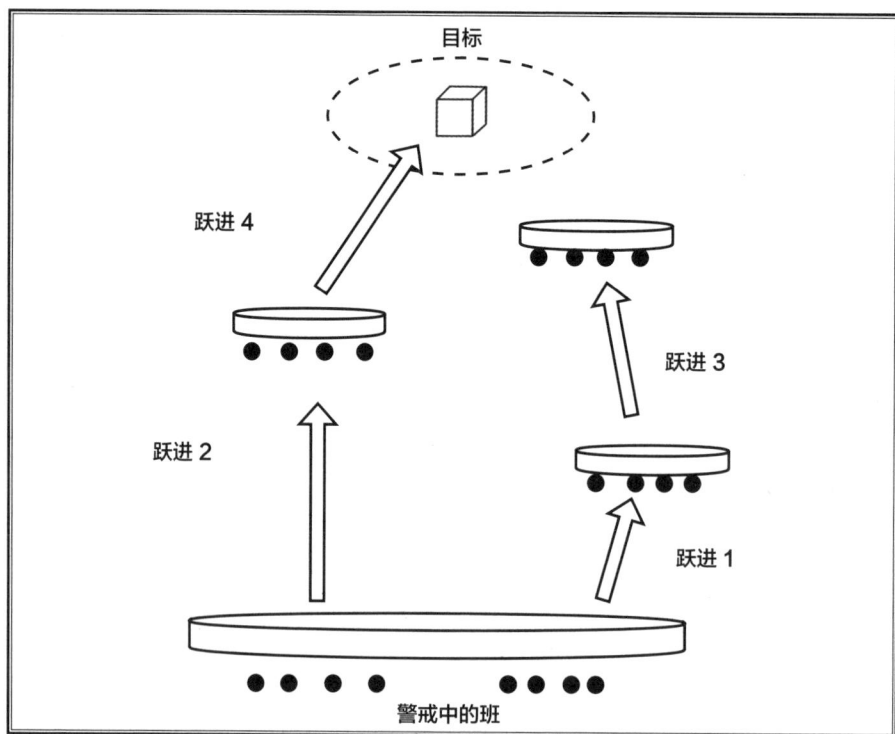

班警戒跃进。

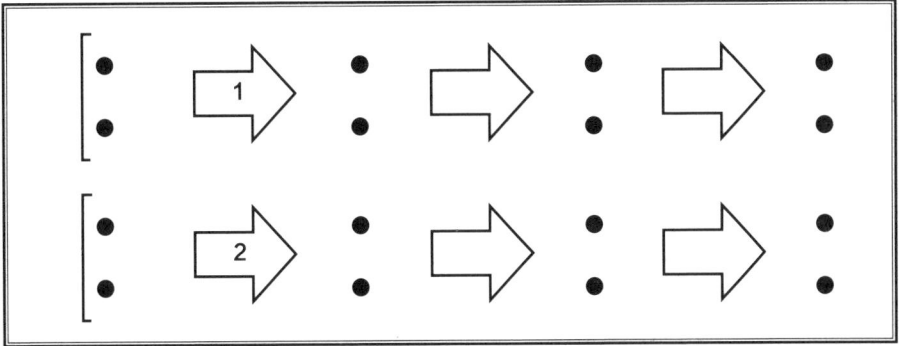

连续跃进：各组齐头并进。

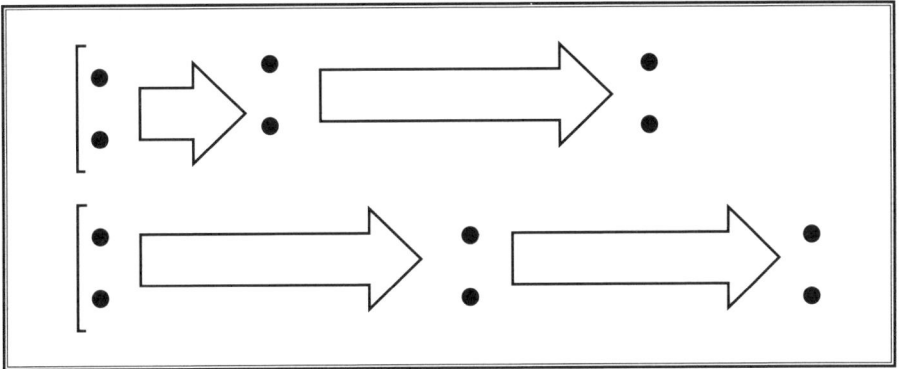

交替跃进：一组跃进到另一组前方，如此反复。

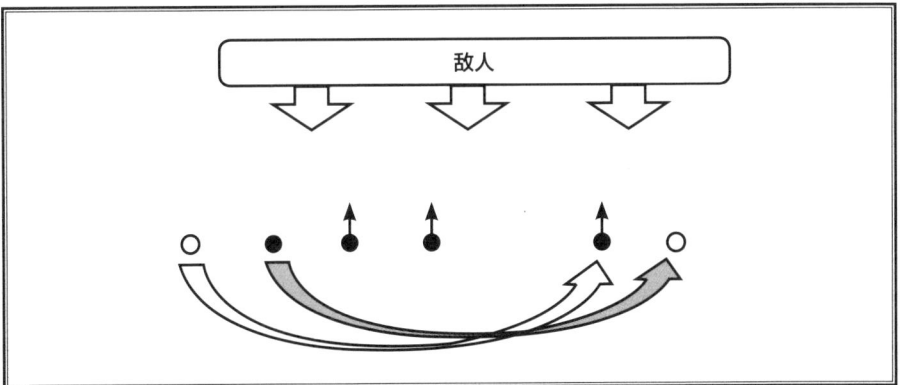

扯动：这种技巧适用于在敌人阵地前，沿道路或墙壁等东西进行横向机动。

10. 小组有声和无声通信

在小组级别的作战中，士兵需要选择在合适的时间以无声和有声方式进行通信。不过，一旦形势变"热"，那就不需要再保持无声通信，除非己方要达成某些战术突然性（如机动到敌方侧翼）。小组组长一定要记得，在自己的小组成员开火以后，他就需要大声发号施令，以表现出对局势的有力"掌握"。虽然他也可以使用无线电通信，但有时组员不一定能听到。需要注意的是，在作战时，士兵不要过多发声——这会造成通信混乱。

此外，信息的传递必须是双向的，组长可以向组员们传递计划内容，组员们也可以向组长传递重要情报（例如敌人的位置和行动、局势的变化和伤亡等）。训练和使用经过实践考验的标准通信程序，可以简化对复杂通信的需求。

对于大多数作战小组来说，手势通信都很有挑战性。因为大家可以在网上轻松查到各种手势信号，所以本手册就不再对其进行详细描述了。不过，我们必须明白，手势信号并不适用于所有情况。在时间和场合都合适的情况下，靠近战友小声说话才是最正常的交流方式。基本上，如果小组不熟悉TTP（战术、技巧和程序）和必要的手势信号，在需要保持静默的时候就会制造出过多的噪声——这在巡逻时，特别是当班组在已靠近敌人但又尚未与其接触的情况下活动时（例如在进行急促埋伏时，或者在警戒跃进后即将与敌人接触时）很常见。

组长或班长必须能够指挥部下根据自己的指示行动。因此，每个战斗人员除了控制或监视自己负责的扇区外，还必须经常观察组长或班长的手势信号，并进行接力传递。比如，当一队士兵排成单纵队穿越林地，在接近目标或听到敌人的声音时，队长需要让全队停下，并朝着某个方向转成横队。此时，就不能发生混乱。如果队长需要让一些队员明白自己应该向左移动，让另一些队员明白自己应该向右移动时，该怎么办？队长可以跪地，以手刀手势指出前进的轴线，或者张开双臂来指示队员转成横队。如果队员没有注意到这些手势信号，就会造成混乱，部分人可能会走错方向。

11. 班组的组织

班长或组长，该如何对部下进行编组？这既取决于他当前可用的资源和兵力，也取决于其所执行的任务的性质。对于小规模部队而言，最基本的组织单位是"搭档"——通常是两个人，但也可以让三个人组成搭档（此时，我们还是把他们视为"一对"搭档，而不是一个完整的小组）。一对双人搭档中的两个人，可以分别进行射击和机动。两对双人搭档，可以合在一起组成一个基本的四人小组。因此，小组的最小规模是四个人，最大规模是六个人。

在这里，我们可以看看一些任务编组的例子：

2 个人组成双人搭档。

3 个人组成三人搭档。

4 个人组成一个小组（两对双人搭档）。

5 个人组成一个小组（两对双人搭档加 1 个组长）。

6 个人组成一个小组（"两对"三人搭档）。

6 个人组成一个小组（三对双人搭档——组长也在其中）。

双人搭档很适合进行射击加机动的配合，即一人机动，一人掩护。三人搭档在进行射击加机动时，人数必然是不对称的——不是两人机动一人掩护，就是一人机动两人掩护。一个四人小组可以由两对双人搭档组成，即 A 搭档和 B 搭档；如果由五人组成一个小组，那么组长就是所谓的"第五个人"，他可以指挥 A 搭档和 B 搭档的行动。

如果一个四人小组在进行射击加机动时有一人伤亡，那么剩下的人可以采用一种很实用的标准操作程序——不以一对搭档加一个人的形式继续作战，而是将这三个人从一到三编号，每次只有一人实施机动。这样一来，就始终有两人可以保持射击状态。

如果需要组织一个六人小组，组长可将"两对"三人搭档编入其中。这样做能确保小组的灵活性：如果某"一对"三人搭档中有一人伤亡，剩下两人依然可以作战——能继续保持其作为机动单位的作战效能，并掩护另"一对"三人搭档实施机动。

另一种六人小组的编组方法是：以 A 和 B 两对双人搭档作为机动部分，由组长和一名组员组成第三对双人搭档，负责指挥作战。如果小组中出现人员伤亡的情况，第三对双人搭档就可以充当预备队。这样一来，该小组也可以保持一定的灵活性。

在班一级部队中，美国陆军一个基本的步兵班是9个人，包括两个四人小组（每组有一名组长）和一个班长；美国海军陆战队的一个班是13个人，包括三个四人小组和一名班长（当然，如果人员充足，这种编制必然会更加灵活）；英国陆军一个标准的班是八个人——分成两个小组，班长和副班长各率领一个小组。

不得不说的是，英国陆军的组织方式降低了班长在指挥各小组时的灵活性，因为他自己就是其中一个小组的一员。在进行低烈度的巡逻作战时，英军会将半个排（12个人）分为三个四人小组。通常情况下，排长会在其中一个小组里指挥这半个排，而副排长（他会被编入一个四人"骨干"小组）则负责指挥另外半个排。当然，这种编制也不会一成不变，比如英军在阿富汗赫尔曼德省执行任务时，就因地制宜采用了三个六人小组编制——目的是确保有足够火力来应对更高烈度的威胁。如果采用了大班编制，那么巡逻队的规模就会从"加强班"扩大到"精简排"：一支包含三个六人小组的巡逻队里至少有18个人，如果再加一个战术指挥部，其人数还会更多。

步兵班的规模曾经历过多次变化——往往是根据武器系统而进行的改变，但有时还取决于装甲战斗车辆内部的载人空间的大小，乃至政治和人力因素。例如英国陆军八人制班是基于两个配置均衡的四人火力小组而定的：每组中有三个人各装备一支能够全自动射击的武器，而另一个人则装备一挺LSW机枪——后来，各火力小组中的LSW机枪被米尼米机枪（M249 SAW）所取代。而在此之前（也就是大约在1990年以前），在步枪手装备SLR半自动步枪的年代，一个班有9—10个人，包含一个突击步枪小组和一个双人支援火力组，后者装备了GPMG（M240）机枪。虽然这是一种并不均衡的编制，但却提供了独特的机动支援小组（机枪组），而且班里的步枪小组还可以被拆分为多个组，以承担额外的火力支援和突击任务。

至于编制内有13个人的班，则拥有很大的灵活性。这种班不仅可以采用突击循环战法，还很便于根据卫星巡逻的要求进行"修改"。在某些时候，这种班的人数还可以被增加到14个人，即给班长配一个战友（保镖），使他免于单独行动。根据这种"加强班"的战术独立性，随班长行动的增配人员既可以是卫生兵、通信兵，也可以是精确射手。这样一来，一个班就包括：三个四人小组，以及一个两人至四人的战术指挥组。这种编制方案可以提供三个规模相同、装备相同且可以互换的小组，其理念是：我们无法预测哪个小组在机动时会遭到火力打击，因此每个小组都必须有足够的灵活性，能够在突击循环中扮演任何角色。例如，在指挥小组里可以有两对搭档：由班长加通信兵或卫生兵组成的 A 搭档，由两名精确射手组成的 B 搭档。

12. 机动支援组

机动支援组可提供能直接影响战斗的支援。例如，一个排长手下有两个机枪组，那么他就可以直接把机枪部署到阵地上，以支援他手下的机动单位（各个班）的机动作战。在这里，机枪的用途是加强任何正在承担火力支援角色的机动小组的火力。在加强班一级的作战单位里，如果没有机枪组，也可以用合适的步枪组来替代——从某种意义上来说，就是用弹仓容量较小但精度较高的步枪，来代替弹仓容量较大但精度较低的机枪。如果某个班里有三个机动小组，班长就应该让这些小组按突击循环模式的顺序进行轮换：突击组 → 火力支援组 → 预备组。

一般来说，机枪组是上述循环的"附加部分"，而不是循环的"一部分"。指挥官应该根据形势要求来部署机枪组，让其专门承担火力支援的角色。

13. 分队进攻组织

在上述讨论的基础上，我们可以来谈谈介于"加强班"（大班）和"精简排"（小排）之间的组织单位。比如，我们可以围绕一个 16 人的分队，来"策划"适用于进攻作战的编组方案（以四人小组为基本的作战单位）。一个 16 人的分队包含四个四人小组，或者八对搭档。这样的分队在机动时既可以分成四个四人小组，也可以分成两个八人班。指挥官可以自主决定每个小组的具体人员和装备配置。

在四人或六人小组中，组长的位置是值得一说的。通常，他不应该身处尖兵的位置，除非他要亲自带领小组成员去执行某些任务，例如进入伏击阵地埋伏敌人、进入整队地点准备发起突击，以及为巡逻基地选址等。在这类情况下，他可能要移动到队伍的最前面。

在四人小组中，组长一般可以选择排在第二的位置。在这个位置上，他可以亲自指挥尖兵。如果小组分成"A"和"B"两对双人搭档，他可以待在 A 搭档里。但是在接敌的过程中，例如正面接敌时，根据 B 搭档所处的位置，组长可能会变成组里排在最后面的人——这并不是指挥小组作战的最佳位置。

此外，组长也可以选择四人小组中排第三的位置。此时 A 搭档在他前方，担任"尖兵"和"副手"，他是 B 搭档里排第一的人。因此，如果小组侧翼接敌，他仍然处在全组的中央。如果小组正面接敌，A 搭档将会率先做出应对。作为 B 搭档里排第一的人，组长既可以决定 B 搭档要机动到 A 搭档的哪一侧，也可以让自己继续位于全组的中央。如果他略微后撤，就可以更好地观察局势，从而迅速决定是要向前跃进，还是向后脱离接触。

一般来说，班长应该置身于班队形的"重心"处——这是最方便他观察和影响战局的位置。班长不要把"身先士卒"理解为自己应该始终身处最前线。班长应该已经经受过足够多的考验，其个人的勇敢精神应该不成问题，所以最适合他的位置就是能让他最高效地指挥作战的位置。有时候，出于某些原因，他可能会决定转移到队伍后方。还有些时候，形势可能会要求他发扬个人的勇敢精神，站到队伍前方——例如当突击受阻时，就特别需要他以身作则。

在经典的 9 人步兵班中，班长通常应该处于两个小组之间。如果各小组以警戒行进的方式机动，他可以选择跟在先导小组后面，或者站在殿后小组的前面。在战场上，他必须注意避免单独行动，否则他将会成为明显而脆弱的目标。

在 13 人步兵班中，有三个人数相等的小组。这时，班长应该与承担主要任务的小组一起行动。一般来说，在发起突击时，班长应该待在能够观察和影响突击小组的位置上。虽然他也可以和火力支援小组待在一起，但这很可能不是最佳的选择，他通常应该让一个自己信得过的组长去指挥火力支援小组。

如果班长希望找一个能让他很好地观察战局的位置（一个能让他发现问题，并可以影响战斗的位置），他可以选择靠近突击小组（但不一定要和该小组一起冲锋陷阵）。这样他才能更好地了解战局，并身处足以做出必要干预的距离内。

不管是 9 人步兵班，还是 13 人步兵班，都存在一个同样的问题——班长本人不属于班里的任何一个小组。上级可以根据班的编制和任务改编的余地，考虑再给班长配备一个或多个人——这些人可以是卫生兵、通信兵或类似人员。这种做法在一定程度上反映了将排指挥组下放到"大班"（其规模可能在 13 人以上）级作战单位的思想。此外，如果班里有额外的机枪手或精确射手，让他们跟随班长行动，不仅可以在战场上为班长提供保护，还可以让班长能在必要时直接部署他们，以影响战斗——也就是加强火力支援。与之相似，一个排长麾下可能有三个班，他自己可以带一个装备了两挺机枪的小组机动，随时支援遭到火力射击的班。

实弹火力下机动的安全性

对于小单位部队，或者特种部队而言，实弹训练是非常重要的。因此，我们不妨先看看在实弹训练时应该注意的一些事项。

从安全角度来考虑，在训练时，安全员可使用"590密位"（约等于33度）法则，即确保进行射击的士兵的枪口的590密位范围内没有其他人。在实弹射击练习的过程中，当一组士兵以大体一致的射击线对一组靶子进行射击时，需要根据该法则来进行管理。在有新的靶子被发现或升起时，如果士兵的射击角度与之前不同，安全员就必须确保当士兵转移火力去射击新的靶子时，其前方或身边的任何人都不会违反"590密位"法则。

安全员应该负责在早期训练中贯彻安全性规则，并让士兵通过训练牢牢记住它们。也就是说，要让士兵锻炼出"合理判断射手、敌军阵地和其他射手之间的空间关系"的意识。如果在模拟对敌射击时，某个士兵因靶位改变或类似原因而不能发扬火力，安全员就要根据相关情况发布"上前"、"向左"或"向右"之类的命令，为其"打开"安全角度。

如果参加训练的士兵经验不足，那么安全员可以规定其枪口的安全角度为45度，而不是33度。在早期训练中加大安全角度是一种好做法。在出现多个靶子，且需要调整射击线时，这样做可以提供一定的安全余地。

在实际作战时，如果突击组需要向目标机动，火力支援组可以将射击线调整为30度，以避免误伤战友。火力支援组的组长应从侧翼观察突击组的机动情况，使用徒手测角（伸直手臂并张开手掌，无名指和小指的夹角大致就是30度）的方式来估测需要调整的角度，然后下令转移火力，以避开突击组。

在作战时，如果射手们的经验丰富，则可以将安全角度调低到15度。切记，在训练中不要这么做，这一做法只适用于训练有素、经验丰富的射手。

总之，在进行小规模作战时，必须时刻牢记"横向间隔和短距离跃进"的重要性。

我们必须指出的是，一支小规模的部队在与敌接触并做出应对时，将只有部分成员能够执行完整的RTR程序。其他人的视线会被战友挡住，只能向掩体移动并改善自己的视线，因此他们需要执行的是TR程序。

在射击加机动时，要想在机动过程中保持连续的压制火力，其关键是确保与战友之间有足够的横向间隔，并且尽可能控制跃进距离。短距离跃进意味着缩短了向前冲刺的时间，因此士兵暴露在敌人火力下的时间也会缩短，而且跃进中的士兵也不会阻碍火力支援组发扬火力。

下列示意图显示了安全角度的重要性，以及在不同的队形中，根据与敌接触的方向，一开始有哪些人能够开火，哪些人不能开火。能够开火的人可执行 RTR 程序，最初无法开火的人可执行 TR 程序（寻找掩体，并寻求可以安全射击的位置）。需要注意的是，这些示意图仅粗略展示了安全角度。

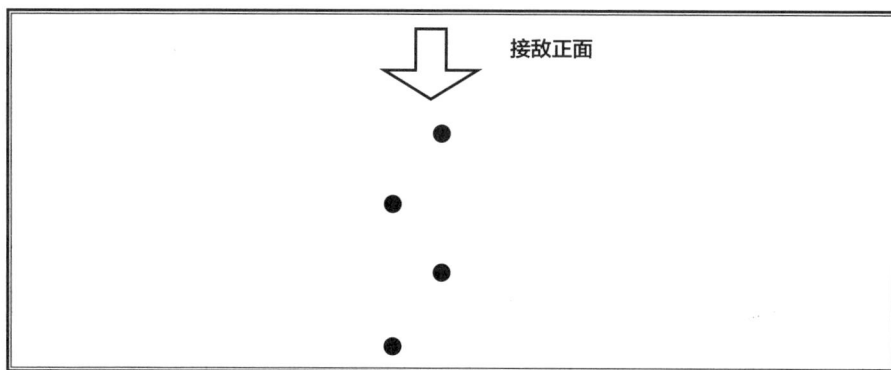

一个正以双纵队行进的四人小组，受到了来自前方的攻击。接敌方向是正前方。

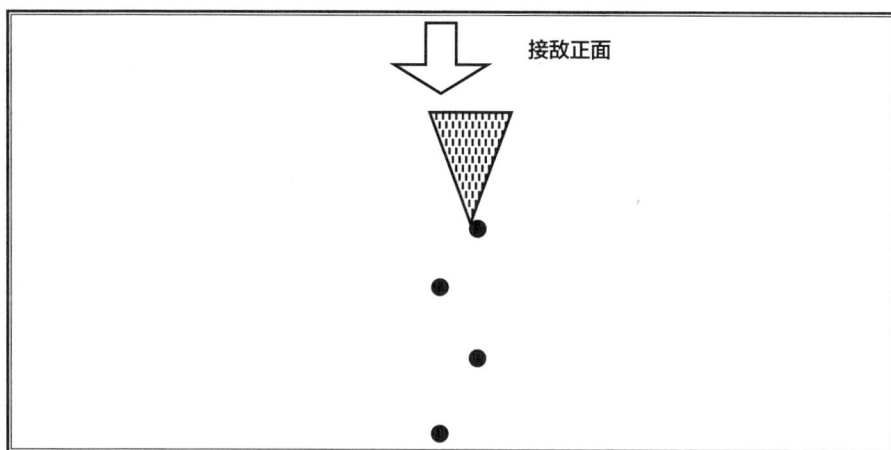

尖兵（最前面的人）执行 RTR 程序。

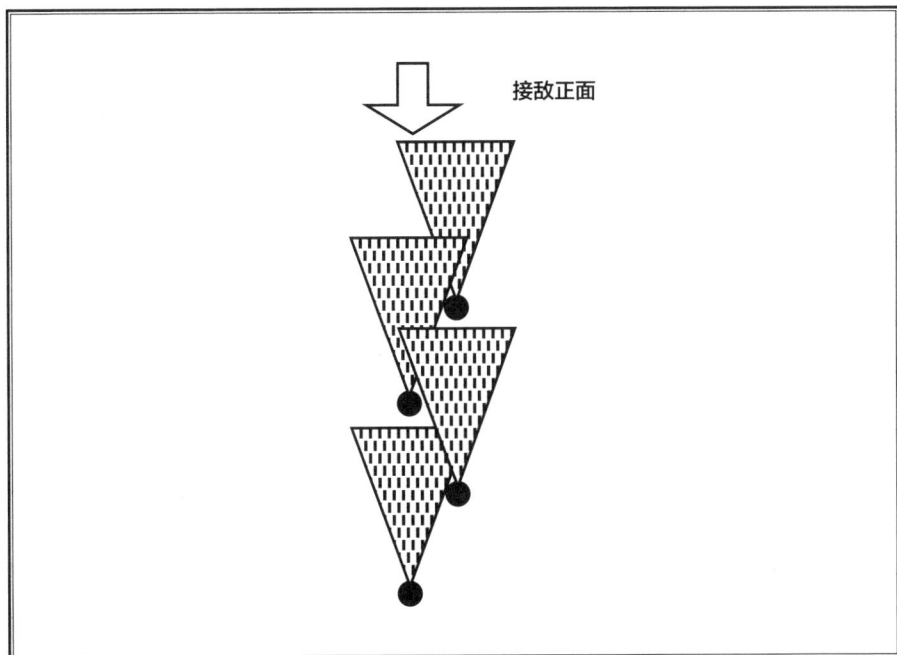

接敌正面

其他组员无法从当前的位置进行还击。在横向间隔足够大的情况下，第二个人也许能够进行还击，但如果这是训练，考虑到即将进行的机动，他肯定不能开枪。

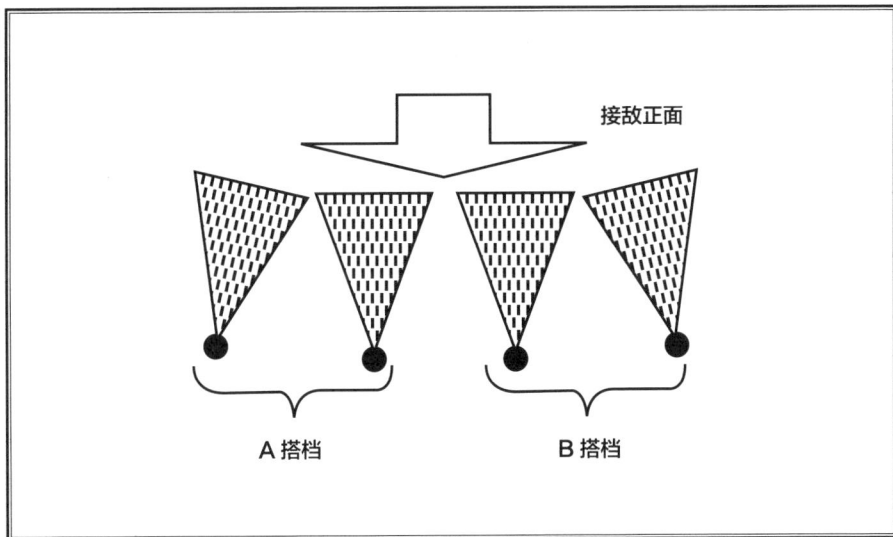

接敌正面

A 搭档

B 搭档

小组转为横队并开枪还击。

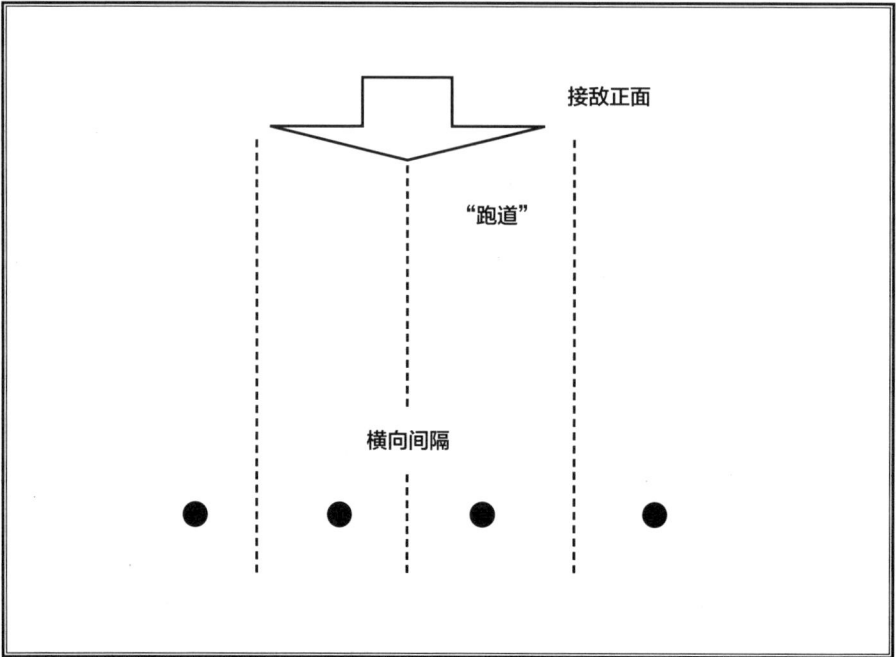

接敌正面

"跑道"

横向间隔

聚拢（挤在一起）是错误的做法，大家要各占一条"跑道"，并保持横向间隔。

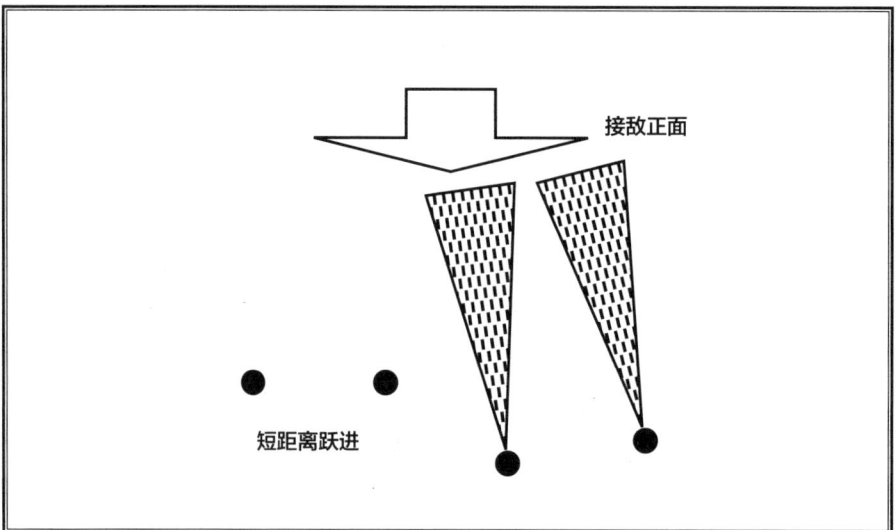

接敌正面

短距离跃进

为了确保支援火力不被阻挡，有的士兵必须进行短距离跃进。

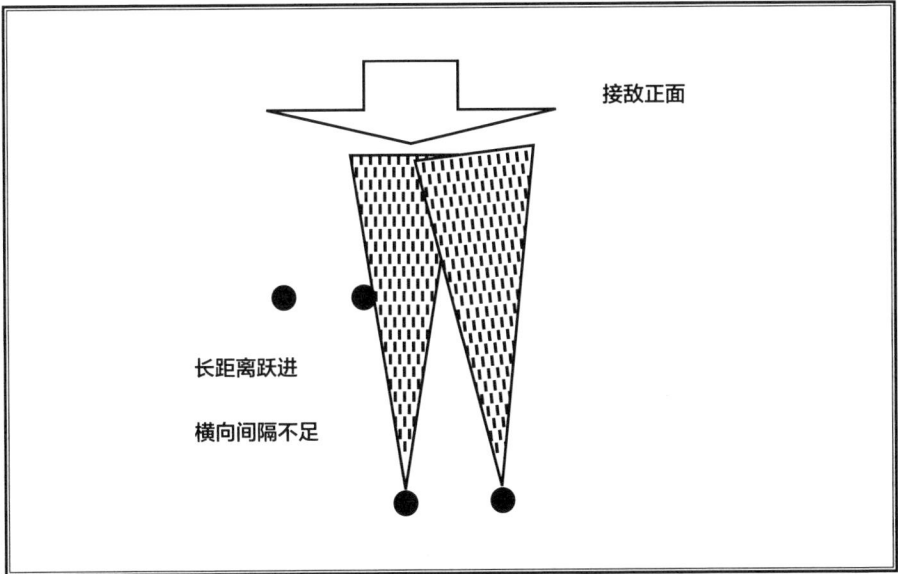

如果士兵之间的横向间隔不足，且士兵跃进的距离过长，就会出现误伤战友的情况。

一般来说，短距离跃进与拉开横向间隔相结合，可确保己方火力不受阻挡：

一个小组在接近敌人时，可能会阻挡其他小组的火力。此时，前进的横队必须进一步分散，以确保跃进时，正面的敌人会受到压制。

切勿向某个敌军阵地聚集，切勿在夜间向着敌军的枪口火光处聚集。士兵一定要注意横队的朝向、前进轴线、相互之间的间隔和跃进距离等要素。

当存在多个敌方火力点，或者与最初发现的火力点交火后又出现一个火力点时，士兵一定要注意自身的朝向。有时候，必须通过横队中的部分人或全部人员的机动来调整位置。通常，指挥官要给出命令——"向左推进""向右推进""前进"或"后退"。如果这些士兵曾接受过相关训练，能够始终注意战友的位置（特别是在进行还击前），那么他们就能确保避开队友去射击敌人。这就是为什么按照标准程序，横队中的有些人一开始就可以还击，有些人却不可以还击的原因。如果在发现第二个火力点时，己方已经有一人或多人正在开火。那么，在调整横队时最好不要让他们停止射击，而应该让其他没有与敌人交火的人进行机动，重新整理横队。

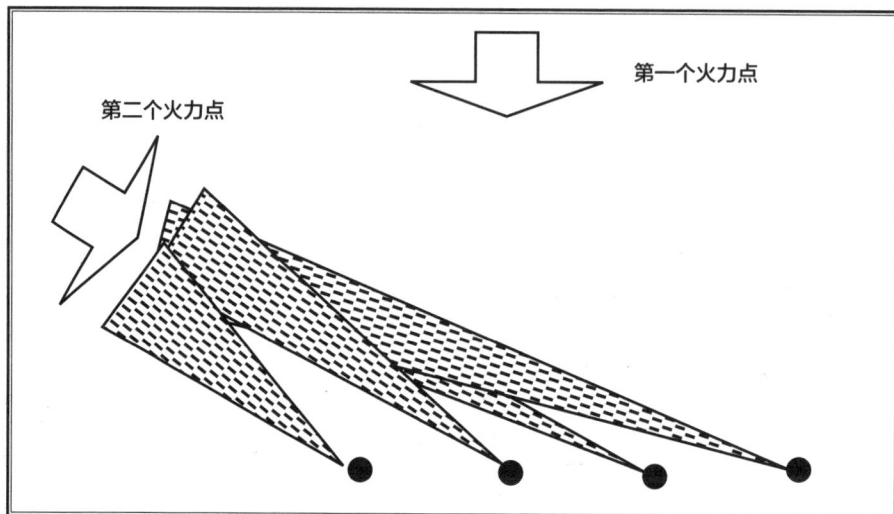

侧翼出现第二个敌方火力点。

　　如果敌方第一个火力点已经停止射击，而第二个火力点仍处于活跃状态，那么指挥官就需要命令位于右翼的士兵向前推进以调整横队。记住，战斗不是静态的，己方士兵会进行机动并依托掩体射击，如果这时敌人也开始移动，就会导致安全角度变得过小，己方士兵的火力就可能误伤友军。因此，切勿让安全角度变得太小。

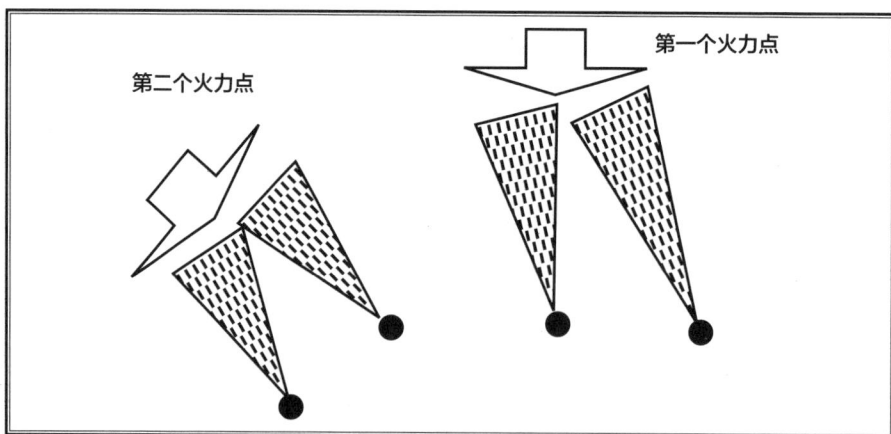

如果敌方的两个火力点都很活跃，指挥官就需要调整横队，以同时对付两个火力点。

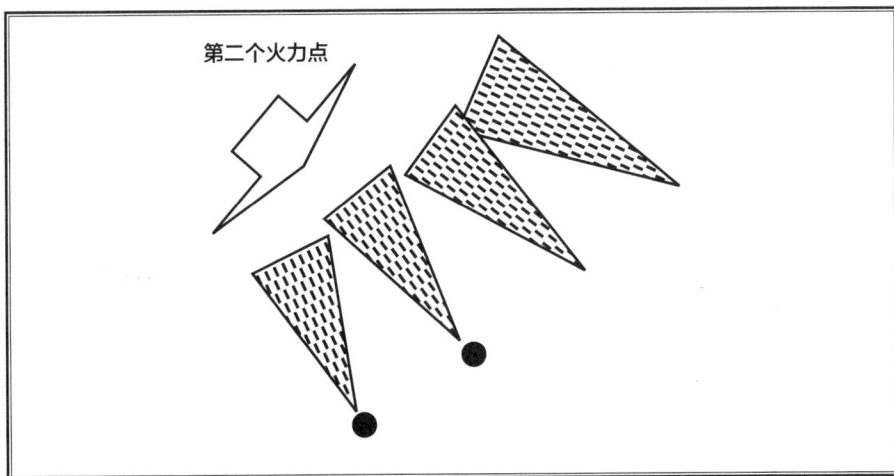

如果只有侧翼的第二个火力点活跃（在这个示例中，它位于左前方），那么指挥官就需要调整横队，使整个横队都能与其交火。

进攻战术与技巧

首先，我们要明白小规模部队（小单位）执行进攻作战的原则：集中兵力、力求出其不意、保密、夺取对于影响敌我士气至关重要的地形或目标、发扬火力优势、合理机动、提升集中打击效果或威慑效果、做好发展胜利的计划，以及坚持简单原则。

其次，一定要掌握发起进攻时的火力和机动技巧。所有士兵都必须明白这样一个道理：如果敌方阵地没有被充分压制，那么我方单位在利用火力和机动接近该阵地时，就不可能不付出伤亡的代价。

一般来说，压制火力的精度和强度应该足以影响其所针对的敌人的行为。如果敌人被此类火力击中和杀伤，其行为就会受到影响。哪怕压制火力没有击中敌人，他们也将被迫躲进掩体里——用行话来说就是"被压制"。为了迫使敌人进入掩体，压制火力必须达到足够精度，即可以有效杀伤敌人，或者击中敌人的掩体，或者弹道离敌人足够近，使其在心理上感到自己必须"缩进掩体"，否则就会丧命。不过，必须牢记：单凭枪声或子弹掠过头顶的呼啸声，并不能压制住意志坚定的敌人。总而言之，压制火力要达成的效果是：削弱敌人对我方发扬有效火力的能力，从而为我方士兵创造机动自由。

在这里，我们必须明白什么叫"敌方有效火力"。如果敌方火力造成了我方人员伤亡，或者在我不进入掩体的情况下就将会有人员伤亡，那么就可以认为这是"敌方有效火力"。

1. 急促攻击与从容进攻

急促攻击是指事先没有计划的进攻。在这种情况下，对于进攻方而言，敌人的阵地是未知的。此时，要完成战斗程序和准备，各单位将使用合适的战术队形和机动方式（行进、警戒行进、警戒跃进）前进接敌。进攻方的指挥官（比如班长）必须快速进行战斗评估并提出计划——最好是机动到敌方侧翼发起突击。急促攻击的一大特点是战斗开始时敌人掌握主动权，他们可以在前进单位接近时选择开火的时机和位置。而从容进攻的特点则与之相反，在战斗开始时，进攻方拥有一定优势。

如果敌方阵地过于坚固，或者地形太不适合突击，那么进攻方也应该考虑与敌脱离接触。

从容进攻是指，进攻方事先做好计划并经过演练的进攻。进攻方已经知道了敌方阵地的位置，并进行了侦察。在这种情况下，进攻方可以按照计划布置火力单位和突击单位，而且出其不意是进攻方的重要优势。突袭是从容进攻的一种，通常有明确目标而且不以占领阵地为意图。

在急促攻击中，进攻方通常要利用合适的队形和"有掩护或隐蔽的方式"将一个单位机动到敌方阵地侧翼。而且，进攻方还需要以另一个静止的单位为这一侧翼机动提供火力支援。也就是说，在班一级的急促攻击中，可能需要让一个小组提供支援，同时让另一个小组机动到敌方阵地的侧翼。机动到侧翼的整队位置后，突击单位需要展开成横队，面向要突击的敌方阵地。如果进攻方未进行侧翼机动，那么急促攻击就会从与敌方接触的地点开始——这类进攻需要进行"中间突破"，通常只有在距离敌人很近且不适合发起侧翼机动的情况下才值得考虑。

虽然侧翼机动是进攻方的首选方案，但如果战场的能见度不足以让机动到侧翼的单位免遭友军误击，那么在发起突击时就应该让所有单位一起冲锋。在茂密的树林、丛林或灌木丛等地方，这是常有的情况。

2. 利用侧翼

在展开进攻时，进攻方最好先机动到敌人的侧翼，然后从那里发起突击。当然这是相对于战斗开始时，进攻方所处的位置而言的。如果进攻方一开始就不在敌方最强的正面区域，那就不适合采用这一方式了。所以确切说来，进攻方真正要做的是"相对于火力支援单位的位置，将突击单位机动到己方侧翼"。理想情况下，应该让支援火力单位与突击单位成90度夹角。

为什么要这样做？首先，支援单位和突击单位成90度夹角，将迫使敌人在两个方向上进行射击和防御。其次，这样做还会给敌方带来一定的心理压力：当敌人感到自己的侧翼受到威胁，并预见到自己有可能被围困在阵地上后，他们就有可能崩溃。

千万不要低估攻击侧翼所带来的心理作用，这对敌人的抵抗意志的影响可能比在正面突击中增加火力还要大。

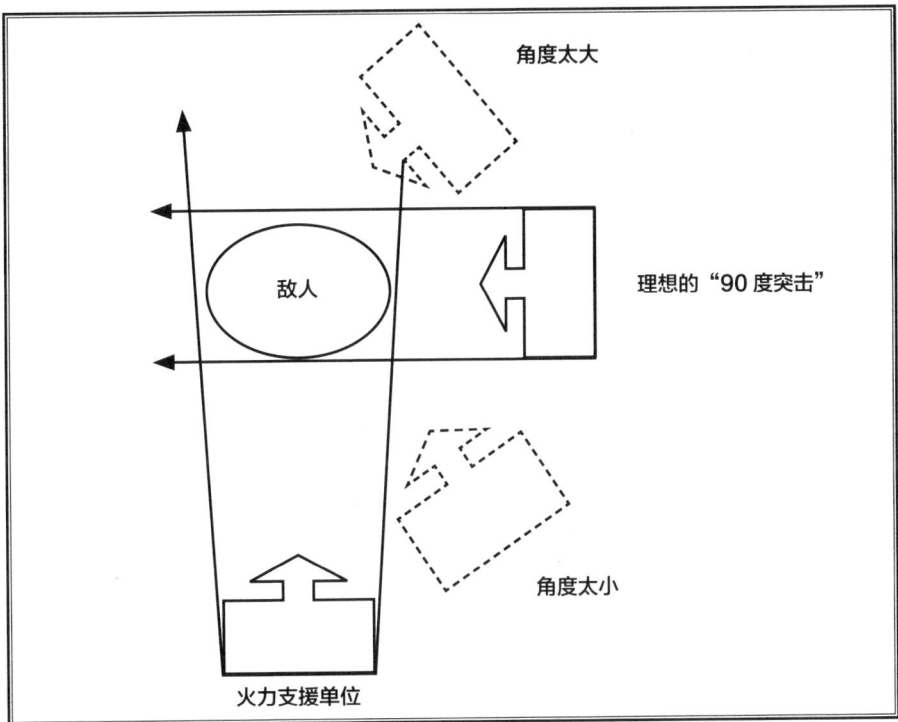

理想的侧翼角度示意图。

从作战安全性的角度来看，进攻方的支援火力将沿直线击中或穿过敌方阵地，而将突击单位置于侧翼就是为了让他们避开己方火力。同样，突击单位的火力也不会伤及火力支援单位。一般来说，支援单位和突击单位成90度夹角是最佳选择。因为在这样的情况下，在不得不避开突击单位或停止开火前，支援火力可以持续更长的时间。如果火力支援组的组长要求组员射击的目标与突击单位先头小组之间的夹角大于30度，那么只要突击单位是正对敌方侧翼发起突击的，他就可以提供更长时间的支援火力。

例如，如果位于敌方阵地侧翼的突击单位以45度角发起突击，那么他们很快就会挡住支援火力；如果以大于90度的角度发起突击，那么他们就不会那么快挡住支援火力。虽然我们经常说要包围敌人，但那大多是从战略角度来说的。在战术层面上（尤其是小规模作战）来看，如果子弹能穿过敌方阵地继续飞行，那么就不适合包围敌人。

3. 误伤控制措施

在战场上，防止误伤友军是非常重要的。必须在训练和标准程序中贯彻这一原则。下面是一些需要考虑的因素：

无论是在训练时，还是在作战时，各射击者之间都要保持安全角度。

实施侧翼突击的各小组之间要保持安全角度（30度）。

通过训练让每个人都学会在交火时关注战友的位置——不能光注意自己和目标，还要注意战友在哪里。当有新的敌人暴露位置时，这一点就变得更为重要了。因为此时士兵需要改变射击角度，所以必须要了解战友的位置，避免相互干扰。

在训练中使用人员标记弹，让士兵从混乱的近战中学到如何才能不误伤友军。

训练正确识别敌我，而不是条件反射地扣动扳机。

发动侧翼攻击时，注意让火力支援单位能够观察到位于侧翼的突击单位，并在必要时转移火力（保持安全角度）。

注意火力方向，确保子弹不会穿过敌方阵地打到友军单位。

适当利用角度或地形来避免误伤。

用信号来表示何时会转移火力，事先约定并演练相关信号。比如，日间和夜间识别信号、近距离和远距离识别信号、口令、用于目标或阶段线的无线电信号、视觉信号（利用灯光、照明弹、旗帜、标志板、荧光棒、红外设备等发出的信号）。需要注意的是，不能让灯光或红外信标等信号被敌人看见或模仿。

4. 射击与机动突击方式

在这里，我们简单介绍几种射击与机动突击的方式。

散兵线突击是将进攻的横队拆分成越来越小的团体，但整个横队仍然以冲刺跃进的方式推进。这样一来，就形成了一条跃进穿透敌方阵地的散兵线。士兵可利用射击加机动技巧，一直前进到"推进极限线"附近。此时，指挥官（比如班长或组长）应决定如何组织火力和机动，将全队拆分为多小的单位。这是为了防止在射击加机动时，跃进单位阻挡静止单位的火力，并确保在攻击穿透的过程中，所有敌方阵地均受到持续压制。这种方式是全程持续进行射击加机动，适合用于进攻分散在多处独立阵地上的敌人（例如分散在一片树林里的敌人）。

不过，需要注意的是，因为要射击加机动到推进极限线附近，所以如果采用这种方式，即使是在双人搭档中，也必须有静止射击的人（一人射击，另一人机动）。在训练中，可以让士兵以巡逻时的戒备姿态手持武器，在掩体之间机动——因为在战场上，大家可能要朝不同的方向机动。在攻击并穿透敌方阵地时，可以将"散兵线突击的要素与突击穿透的要素相结合"，让机动人员保持端起武器的姿态，以便随时对敌方阵地中出现的敌人开火。这可以让每个士兵都做好应对意外威胁的准备（可以与机动时枪口朝下的做法结合使用）。

之所以要将部队拆分为越来越小的单位，主要原因是：这样做能避免出现某些单位在机动时阻挡支援单位火力的情况。当有单位在进行机动时，支援单位必须对敌人的整个阵地进行压制。如果整个小组一起进行机动，发起突击的单位越接近目标，就越有可能阻挡另一个小组的火力，导致目标的一侧得不到压制。

以一个班为例，班长应该决定在什么距离上实施拆分，以及使用什么命令。虽然示意图中画得很整齐，但当士兵被拆分到搭档一级时，就不再需要全班协调一致。各搭档之间，只要互相配合机动即可。不过，士兵应该注意自身相对于散兵线的前进距离，并进行相应调整。

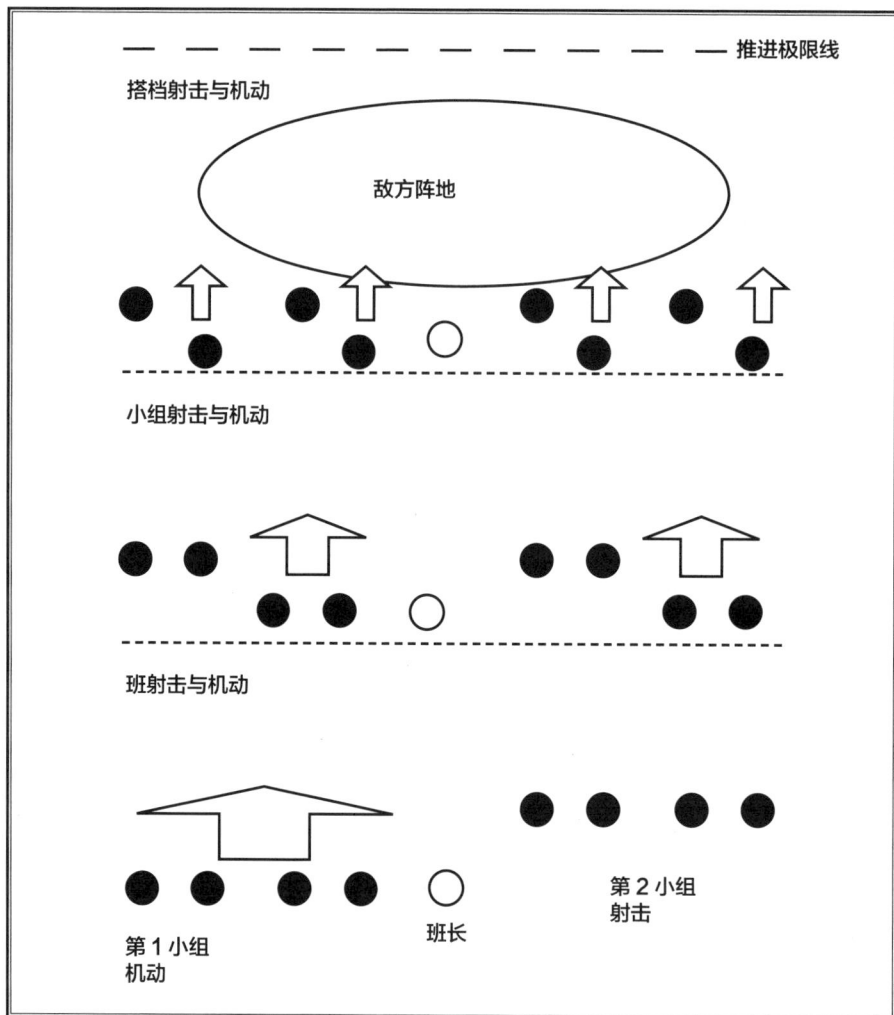

推进极限线

搭档射击与机动

敌方阵地

小组射击与机动

班射击与机动

第 1 小组
机动

班长

第 2 小组
射击

散兵线突击中的单位拆分。

　　一般来说，班长和组长要根据需要调整散兵线。如果有人离整条散兵线过远，他们就要命令不同的小组或搭档停止或开始前进。

　　如果需要处理复杂的情况（例如在面对壕沟、小战壕、小建筑或复杂的地形时），可以让散兵线暂停前进。在处理复杂情况的同时，不属于该散兵线的士兵可以占领射击阵地进行火力压制，或者观察当前态势。

突击穿透也是一种突击方式。在进行突击穿透前，进攻横队要通过射击加机动的方式，推进至敌方阵地前一定距离处——与敌方阵地的距离为9—35米不等，在一些国家的军队中（比如美国陆军），相关战斗条令要求"以手榴弹的投掷距离为准"。现场指挥官应该根据实地情况来确定这一距离。只有在敌方阵地受到充分压制的情况下，突击单位才能使用射击加机动的方式来接近该阵地，而不出现伤亡。当然，突击单位也可以用超额伤亡为代价来接近敌方阵地——这取决于指挥官认为可接受的伤亡程度。

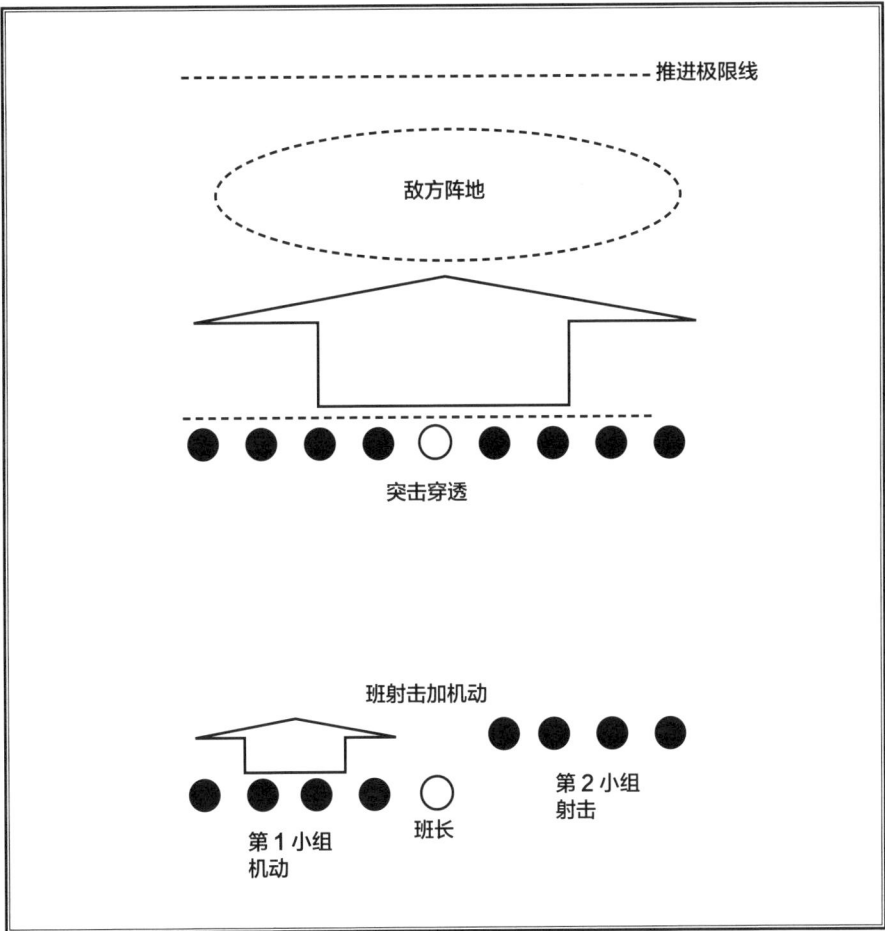

班级规模的突击穿透。

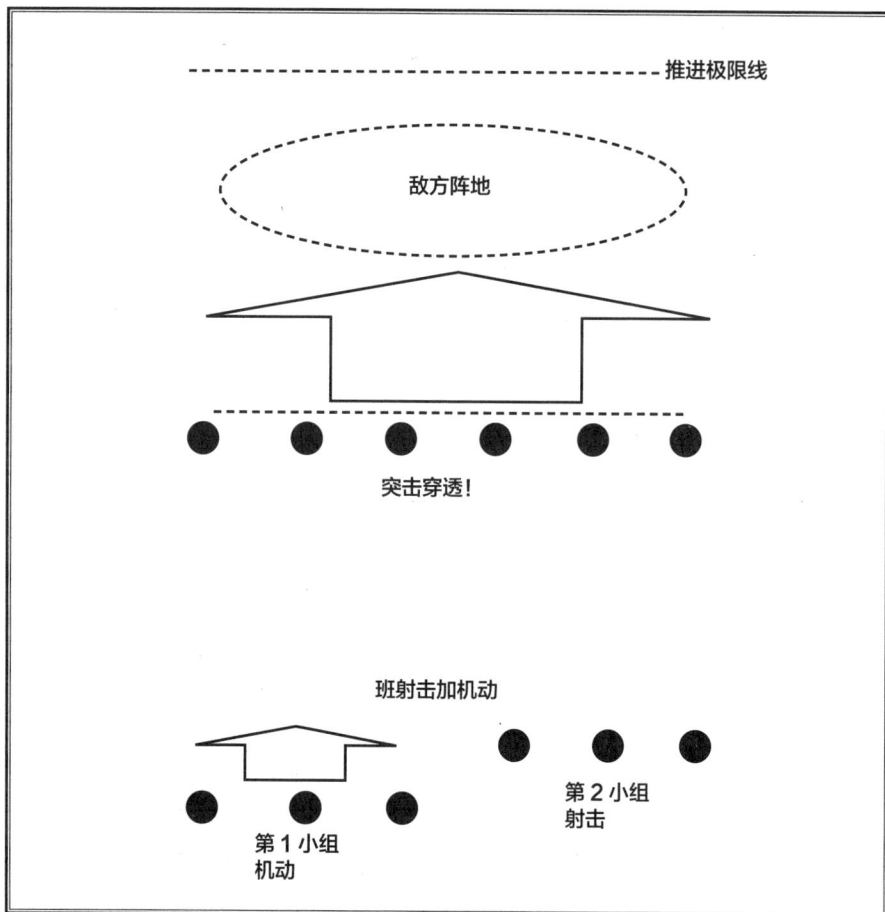

推进极限线

敌方阵地

突击穿透！

班射击加机动

第 2 小组
射击

第 1 小组
机动

6 个人实施突击穿透。

如果在班一级的进攻中使用该方式，突击单位应该得到侧翼火力支援单位的支援，后者要警戒并压制作为突击目标的敌方阵地。当离敌方阵地足够近时，班长应该发出"突击穿透命令"，然后突击单位以横队向前扫荡，边机动边射击敌人，直至到达推进极限线。

虽然在发出突击穿透命令时敌人已经受到压制，但必须假定在己方发起突击时，敌人还活着，只不过他们受到了压制，躲在掩体里（实际上敌人可能已经死亡、负伤，或已转移到其他阵地）。在实施突击穿透时，突击单位要以能够在行进中准确射击的节奏稳步前进。步兵们要以能够随时击发的姿态持枪，并注意搜索隐藏的敌人。

在突击穿透的过程中，进攻横队最好不要停下，应该根据需要在行进中实施战斗装填。在朝敌人射击时，士兵要将情况告诉队友（比如喊"有敌人"），士兵在自己左侧或右侧发现敌人时，如有必要，还应该大声为战友指示目标方位。

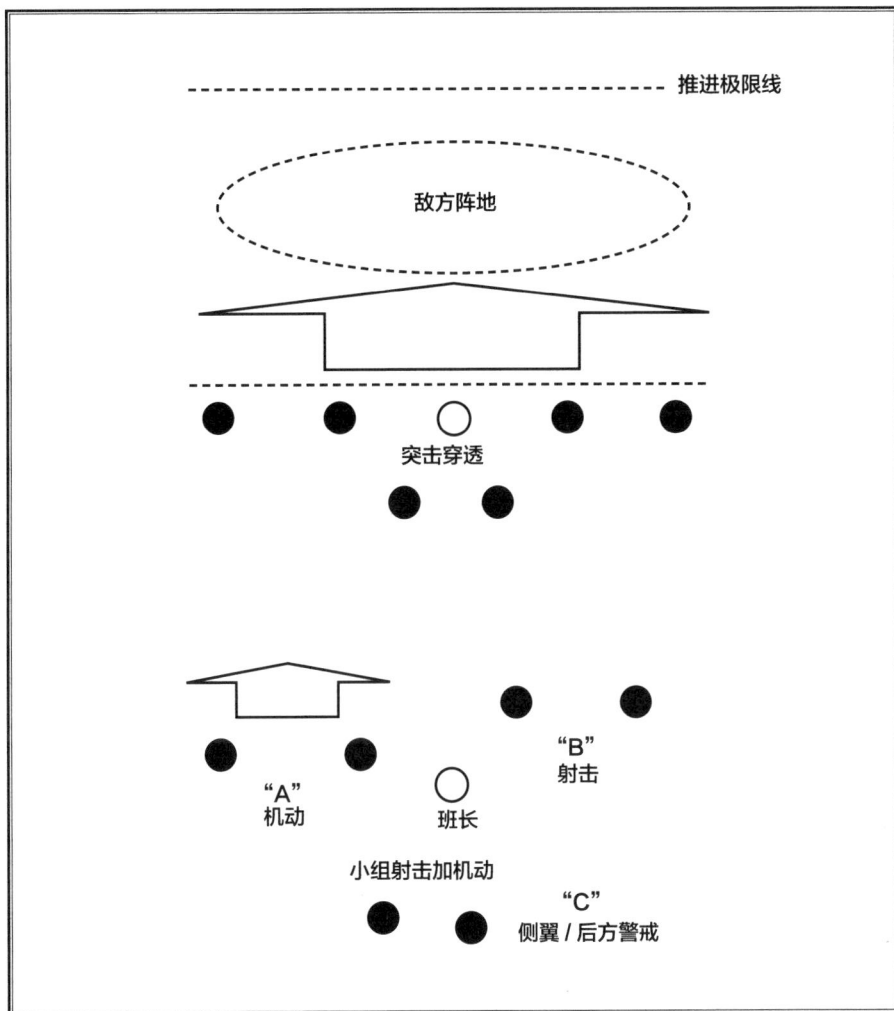

推进极限线

敌方阵地

突击穿透

"A"
机动

班长

"B"
射击

小组射击加机动

"C"
侧翼 / 后方警戒

班长与 6 个人交替前进。

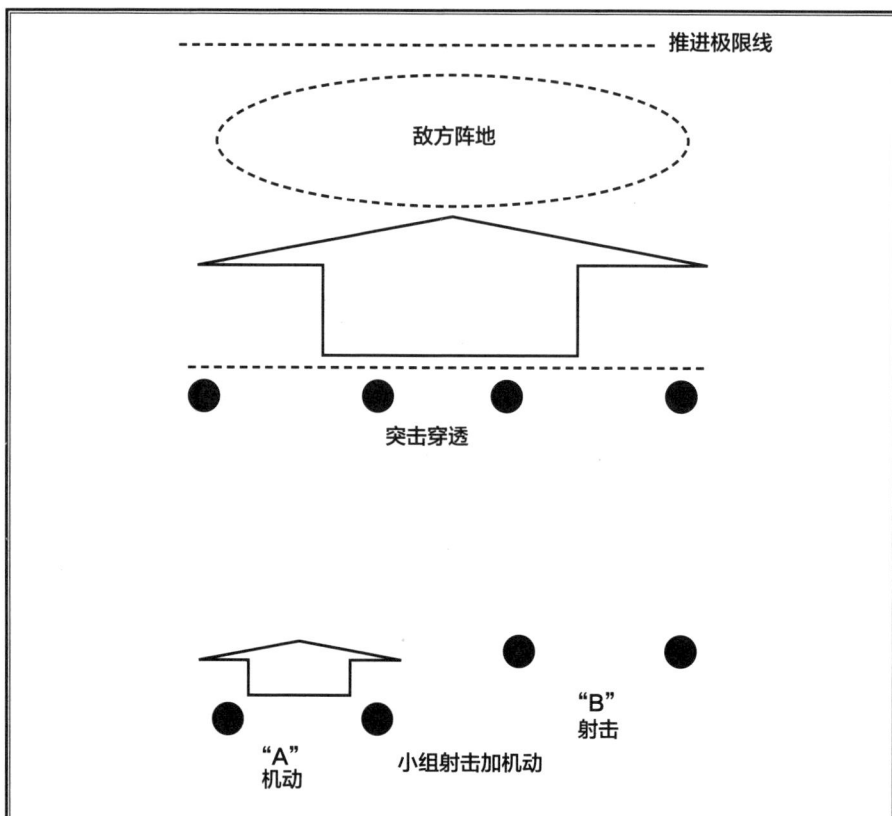

由小组实施的突击穿透。

如果进攻横队因故要在到达推进极限线前停止前进，则应该喊出相应的停止口令（比如喊："停！"）。停止前进的原因可以是复杂的武器故障，或者是需要处理的复杂战斗情况。如果横队停止前进，士兵应占领射击阵地并观察自己尚未穿越的区域，以确保对相应扇区不断进行短距和长距（纵深）观察。

突击穿透的标准程序要求整个突击单位长时间行进，与通过连续短距冲刺到达推进极限线的散兵线突击相比，这是一个缺点。因此，在实施突击穿透时，需要侧翼的火力支援单位充分压制整个敌方阵地。突击穿透过程中的危险，来自敌方纵深阵地或未受压制的敌方互相支援阵地，甚至会来自正在逃跑的敌人、增援之敌的反击或次要火力点。

如果突击单位在实施突击穿透时，受到来自纵深或未受压制的敌方互相支援阵地的有效火力射击，则进攻横队必须停止前进，直到威胁得到压制（确定敌人位置或赢得火力战）为止。此时，突击单位可能需要重新实施射击加机动，或者给负责警戒的分队分派任务。

需要牢记的是，无论使用上述两种突击方法中的哪一种，如果已方出现伤员，未受伤的士兵要负责定位（压制）敌人和继续实施突击。切记，必须先消除威胁，才能处理伤员。在此之前，伤员必须进行自救，这时唯一可以采用的医疗干预措施就是用止血带来止住肢体出血（"高位束紧"法）。

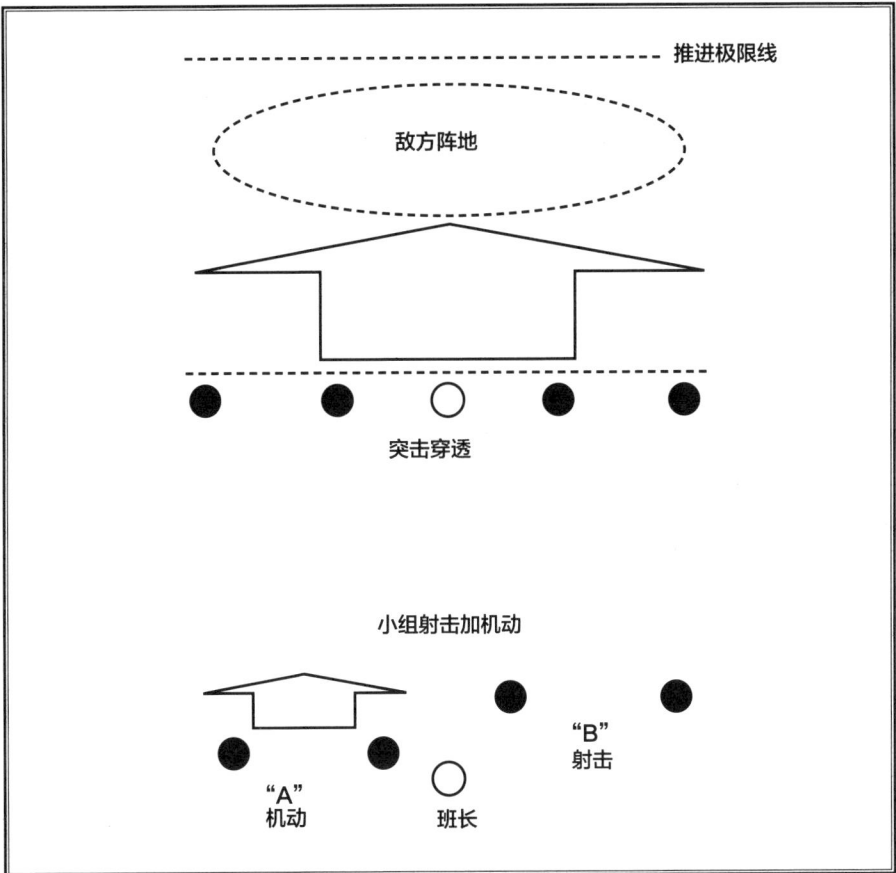

班长与一个小组交替前进。

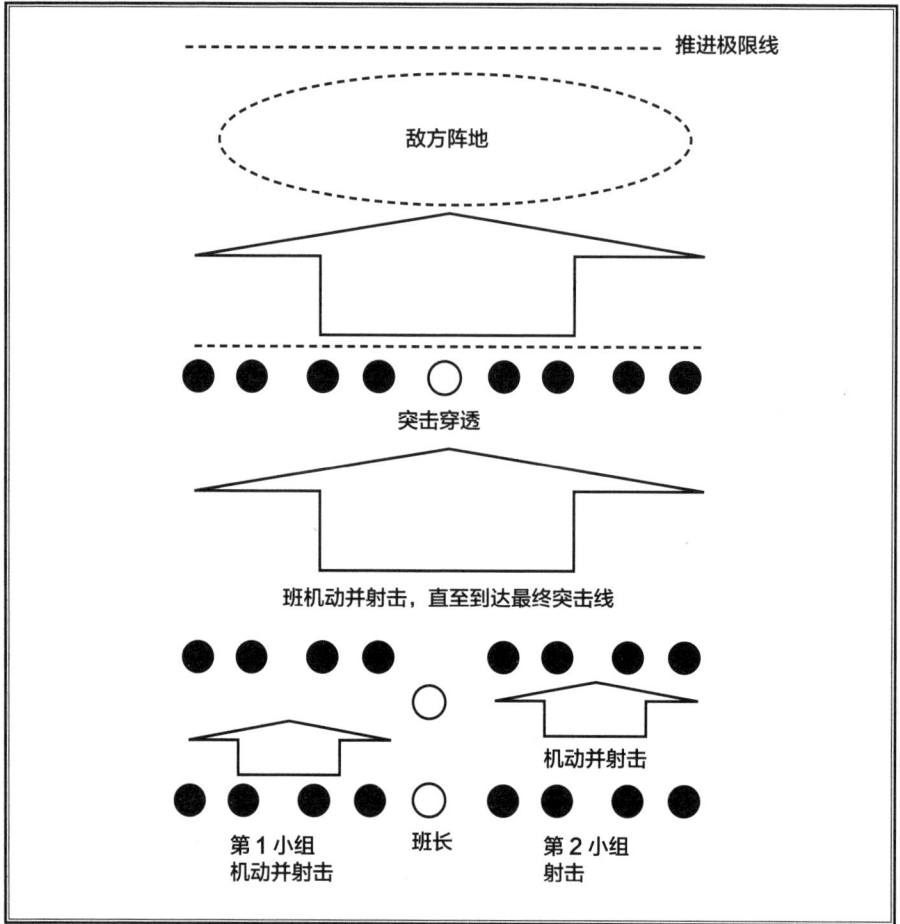

推进极限线

敌方阵地

突击穿透

班机动并射击，直至到达最终突击线

机动并射击

第1小组
机动并射击

班长

第2小组
射击

在行进中射击。

有时候敌人在离我方很近的地方，但没有近到可以实施突击穿透的地步。如果情况不适合用一个单位进行侧翼机动，或者我方在草木茂密的地形中作战，且正在朝正前方突击，那么除了经典的射击加机动外，还有一种方法——行进中射击——也可以在正面集中发扬持续火力。以班一级的单位发起攻击为例：班里的两个小组排成横队，攻击穿透敌方阵地——两个小组交替跃进。实施机动的小组并不是按照经典的跃进方式向前"冲刺"，而是边射击边行进。使用这种方法必须理解下列要点：

第一，士兵要熟练掌握在行进中向突然冒出来的目标射击的技巧。

第二，我方士兵必须能够对正面之敌保持基本不中断的火力打击。

第三，威胁来自敌方未被压制的次要火力点，其可能会击中正在行进的我方士兵。此时，我方士兵是以较慢的速度进行跃进的，而不是在进行4—7米的短程冲刺，敌人看见我方士兵起身后，有更多时间进行射击。因此，我方士兵要通过交替跃进的方式前进至开始实施突击穿透的地点，然后按前文所述方式一起前进。如果侧翼有火力支援单位，且实施突击的士兵在"孤立的敌方阵地周围100米的范围内"或在草木茂密的地形中战斗，效果会比较好。

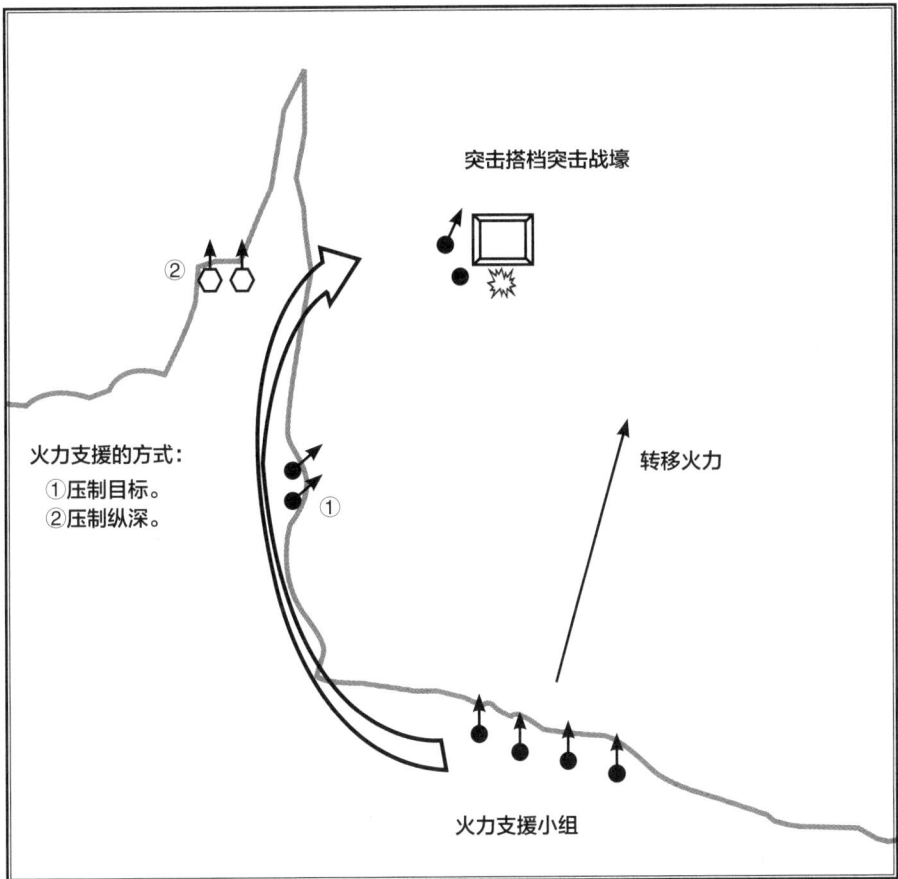

火力支援的方式：
① 压制目标。
② 压制纵深。

突击搭档突击战壕

转移火力

火力支援小组

突击战壕或地堡的技巧。

在很多时候，敌人会占据战壕或地堡之类的坚固支撑点。这时，士兵们就需要采用特定的技巧，对这些支撑点发起突击。需要注意的是，这里不包括在建筑物附近进行的近距离战斗。

在面对孤立的战壕时，我方需要建立火力支援阵地，以压制敌人。突击单位将利用掩体或隐蔽物，机动到敌方阵地侧翼。此时，突击单位将一分为二——以小组为例，可以分为突击搭档和火力点搭档。根据当地的地形，火力点搭档可以移动到"内侧"，以进一步压制敌方阵地。如果火力支援单位必须在某一时间转移火力以避开突击单位，那么火力点搭档的作用就变得尤其重要了。在理想情况下，突击搭档在冲进敌方阵地之前，应该始终得到火力掩护。当然，火力点搭档也可以移动到"外侧"，负责应对任何纵深或相互支援的敌方阵地所带来的干扰。

按照理想情况，应该通过爆炸或震荡装置对受到压制的战壕或地堡施加冲击波，然后用轻武器火力肃清敌人。即使战壕内只有狭小的封闭空间，也不要仅仅依靠一枚杀伤手榴弹来清理战壕，敌人可能使用防手榴弹沟。投掷手榴弹之后，必须用子弹和／或刺刀肃清敌人，确保完全控制敌阵地。

当火力支援单位转移火力时，他们可以射击其他敌方阵地，也可以仅仅执行警戒和观察侧翼。

在这里，我们必须提及"杀伤手榴弹"：这类武器在封闭空间（例如房间、地堡或战壕）内非常好用，但在室外或林地中使用则会带来误伤友军的风险。不要尝试将杀伤手榴弹投向（投过）窗口，而应该采用"投递"的手法——将杀伤手榴弹从地堡或房间的某个开口"递进去"，然后任其落下。其实，杀伤手榴弹的威力并没有很多人以为的那样大，不能仅依靠它们来清理某片空间。因此，最好将它们视为"施加冲击波的装置"，在使用之后立刻进行突击。此外，杀伤手榴弹也可用来赶出壕沟或战壕里的敌人，或者在团队机动时清理死角。

5. 班战斗标准程序

在班一级的小规模作战行动中，会由班长来领受包括需要执行的任务在内的相关命令。班长应该先对自己的班发出预备令，以便他的部下在他领受命令的同时做好准备。班长领受任务后，会发布简短的战斗命令，并带领全班士兵在短时间内出发执行任务。

一般来说，班战斗标准程序如下：

①准备战斗：保密，分发弹药，准备武器，进行个人伪装，分配并检查装备，设置电台频率和呼号，测试，准备特种装备。当班长去领受命令时，班里的士兵要根据他发出的预备令处理以上所有事项。

②班长发布命令：全班听取关于任务和执行要点的介绍。

③应对有效的敌方火力：还击（如果已看见敌人），进入掩体并以适当火力还击。

④定位敌人：如果还没看见敌人，全班应进行观察，尝试通过观察、开火试探、机动等手段定位敌人。此时，士兵可以视情况采用对掩体射击的程序。当发现敌人之后，士兵应该给出"目标指示"（包括敌人的距离、敌人的方向，以及对敌人进行简短描述）并传递（每个人都是传递链的一环）该指示。

⑤打赢火力战：班长要对自己班里的具体单位，发出针对目标敌方阵地的射击指挥命令。然后，对敌人投射准确有效的火力。争取用准确火力压制敌人，夺得主动权。需要切记的是，准确的火力必须能够有效应对敌人或改变敌人的行为（比如击毙敌人，击伤敌人，或迫使其进入掩体）。

⑥进攻：班长要快速进行战斗估计，找到可利用的掩体或遮蔽物，以及接近敌方阵地的路线。他既要关注左右两翼，也要考虑正面。他应该把火力支援单位部署在最合适的阵地上，并使该单位、敌人和突击单位之间形成90度的夹角。

如果通向敌方阵地侧翼的路线上，没有可以利用的掩体或遮蔽物，班长就应该考虑使用烟幕和快速掩护火力。

在执行作战任务时，班长要考虑的东西很多，比如：

敌人在哪里，他们的实力如何，我能否确定他们的所有阵地？

我是否能够充分定位和压制敌阵地？

我应该让已经与敌人交火的单位后撤吗，还是说他们已经有了很好的掩体或火力支援阵地？

我需要与敌人脱离接触吗？我的部下是否已经出现伤亡？

敌方阵地和我方单位之间的地形是怎样的？

我们与敌方阵地之间的距离近到可以直接发起突击吗？

需要机动到侧翼吗？

有没有可以利用掩体或遮蔽物机动到敌方阵地侧翼的路线？

最好选择哪个侧翼？

我能否为火力支援单位和突击单位找到最佳解决办法，让两者大致成90度的夹角？

我需要依次执行哪些操作来建立最佳火力支援阵地，然后让一个单位机动到侧翼？

我们是要带着伤员撤退，还是执行急促攻击？

在作战时，班一级的队伍可以用多种方式发起进攻，比如：

①接近。机动到侧翼的整队阵地。然后实施"扯动"，合理利用烟幕、掩护火力和掩体（或遮蔽物）。

②突击。突击单位利用射击加机动技巧，从整队阵地机动到敌方阵地前沿。这一阶段，可供选择的方案有很多种——取决于当前的地形、与敌人之间的距离，以及突击单位是否已经遭到敌人火力打击。具体的方案包括：分成若干单位射击加机动前进；通过警戒跃进前进，直到与敌交火；排成加长横队或扫荡横队前进，直到与敌交火；突击单位进一步分组，射击加机动，然后交替跃进（或实施突击穿透），直至到达推进极限线。

在夺取敌方阵地后，班长和组长要执行多项任务，比如：

①命令全班各单位在目标处重新会合。

②分配火力扇区，以确保全方位的安全性。

③弹药再分发。

④报告弹药数量、敌我双方伤亡人数、装备情况、抓获战俘的情况，以及搜索和翻检敌人尸体的情况。

⑤请求弹药补给（视情况而定，包括是否有补给计划）。

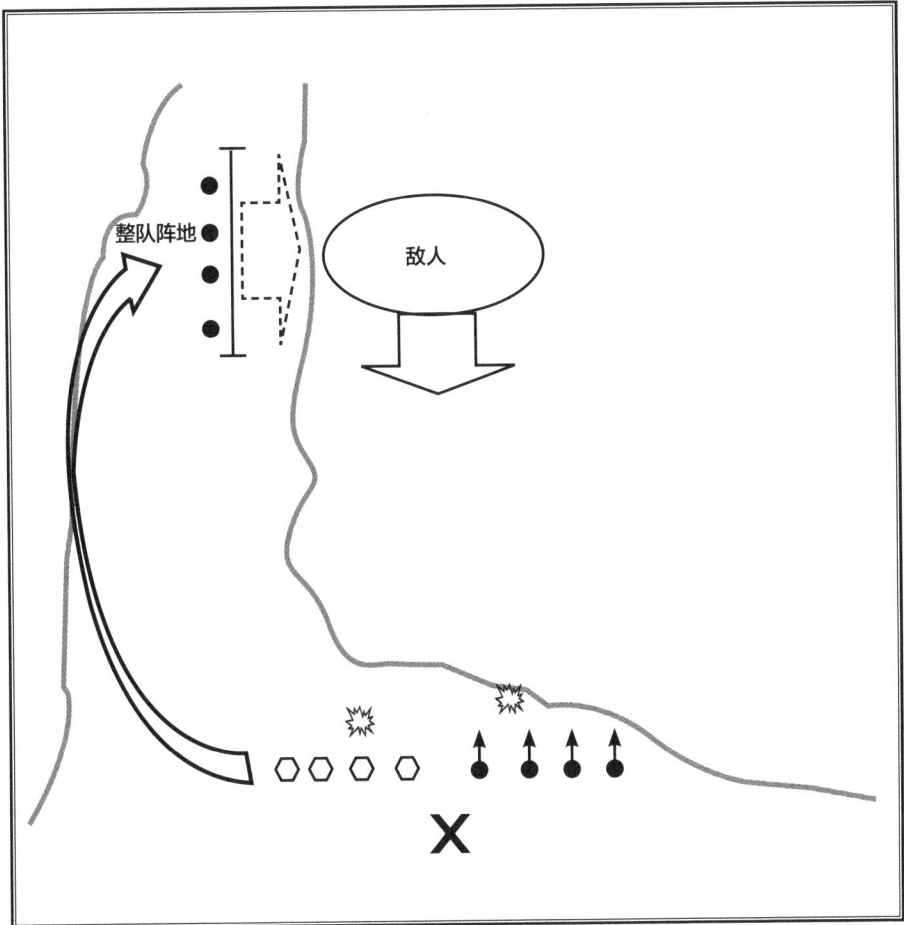

班急促攻击，左翼迂回。

6. 突击循环与行动序列

　　所谓突击循环，就是指：如果己方有三个或三个以上的单位（班或小组等），那么就可以在进攻中让这些单位轮流担任三种主要角色（突击单位、火力支援单位、预备或侧翼保护单位）。在实施这种梯队进攻时的具体行动序列，取决于地形、敌情和进攻计划中规定的顺序。

　　突击循环最常被用于描述排和连级别的梯队进攻。任何包含三个机动单位（通常会均衡配置）的组织都可利用它。而且，在三个机动单位之外，还可以增加专门的火力支援单位——这类专门的单位往往被称为"机动支援组"。

在确定行动序列时，突击循环并不是固定的，例如让两个单位同时执行火力支援任务，同时让第三个单位负责执行突击任务，也是合理的。通常如果行动序列合理，那么在一个突击单位成功攻入敌方阵地时，它将变为下一次实施突击的火力支援单位，支援其他单位对敌方阵地发起攻击。

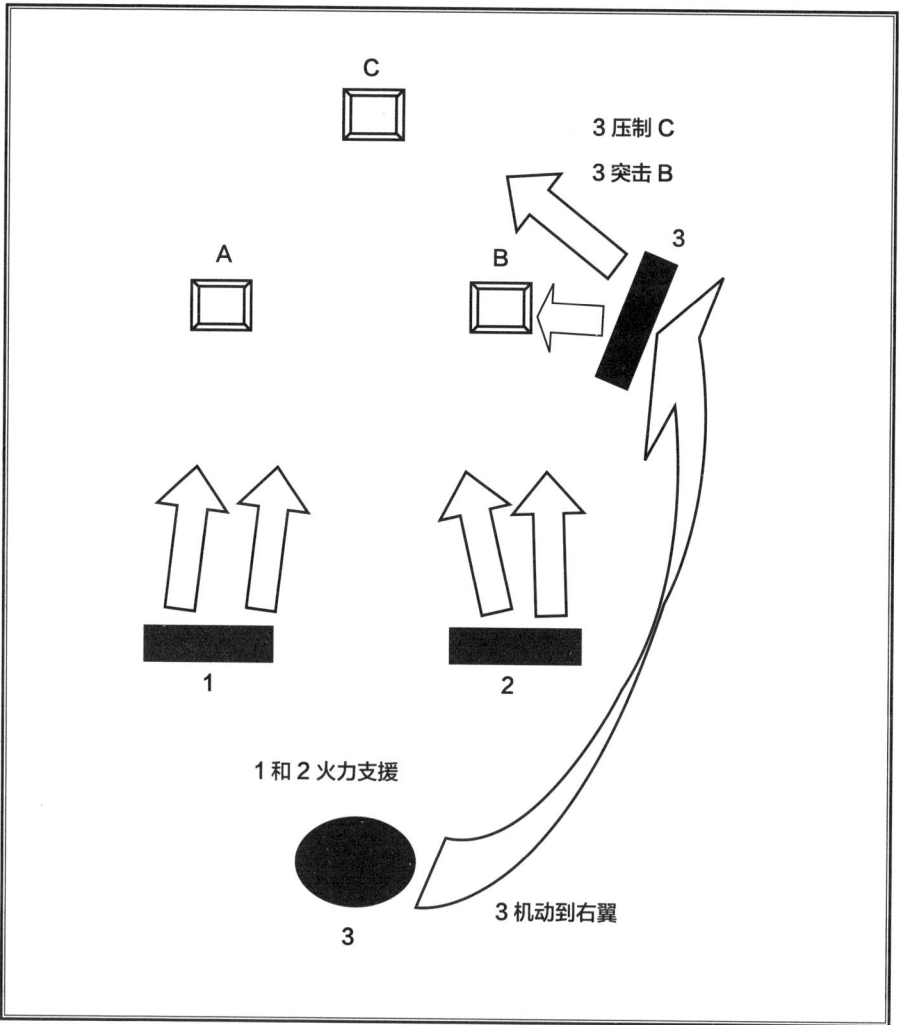

C

3 压制 C

3 突击 B

A

B

3

1

2

1 和 2 火力支援

3

3 机动到右翼

行动序列示例（1）。具体如何操作，与多种因素有关，这些示例仅演示了一些可能的方案。

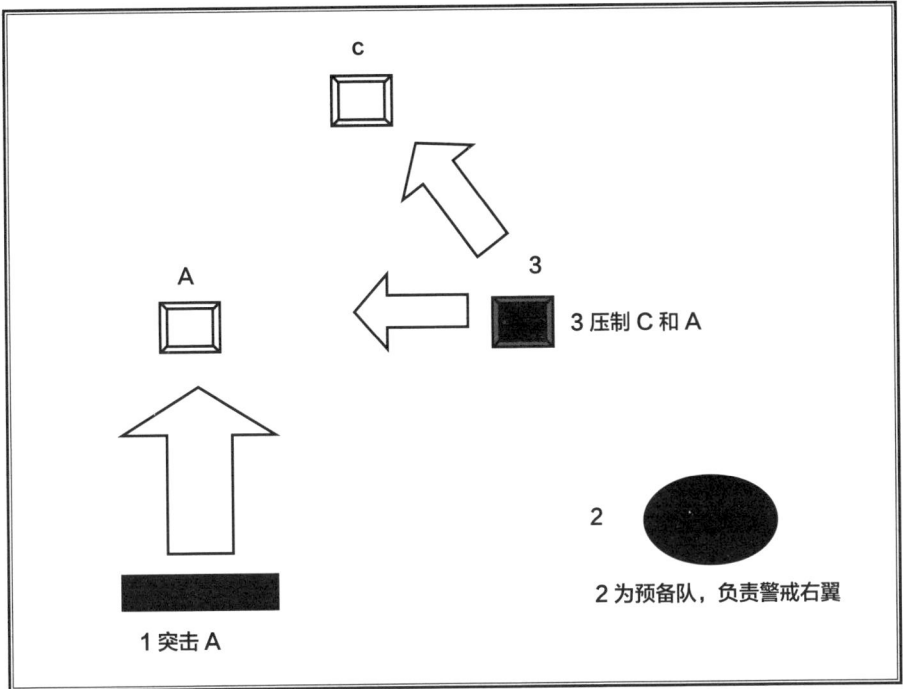

c

A

3

3 压制 C 和 A

2

1 突击 A

2 为预备队，负责警戒右翼

行动序列示例（2）。

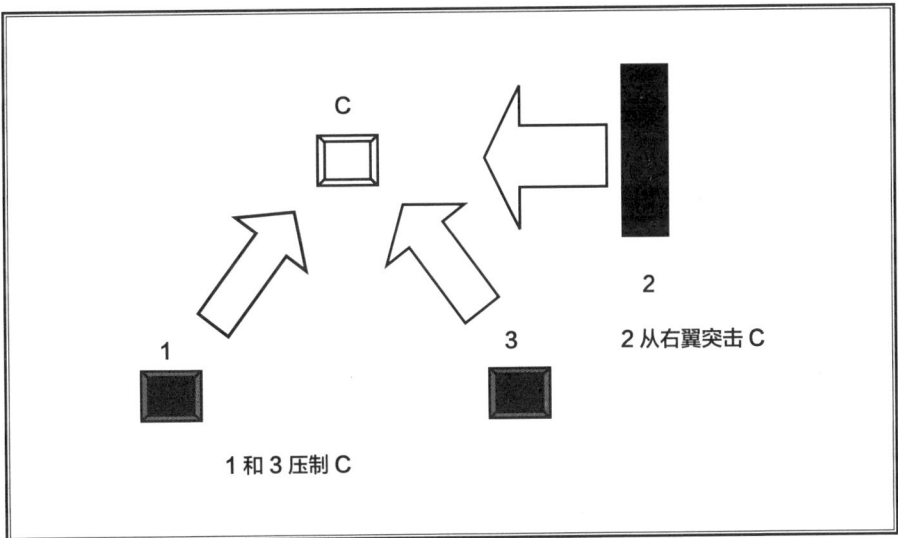

C

1

3

2

2 从右翼突击 C

1 和 3 压制 C

行动序列示例（3）。

7. 从容进攻

与急促攻击不同，从容进攻是进攻方事先根据获得的信息或情报策划的进攻作战行动。比如，突袭就是从容进攻的一种，通常涉及攻击远离己方基地的特定目标，而且不以长期占领为目的。

指挥官在策划从容进攻时，应该牢记进攻作战的要点：集中兵力；力求出其不意；保密；夺取对于影响敌我士气至关重要的地点或目标；实现火力优势和其他效果；合理机动；取得打击效果或威慑效果；做好发展胜利的计划；坚持简单原则；合理利用相关情报（包括地点、地形和敌人的数量等）；考虑己方部队的能力。

指挥官在策划作战计划时，应该考虑火力支援单位与突击横队的位置，并且以合理的方式对二者进行轮换——在避免各单位之间发生冲突的同时，使敌方阵地得到充分压制，减少己方的伤亡率。

指挥官要从整体角度来进行考虑，评估任务目标处的敌人可能进行的反应，以及任何可能的增援部队。行动序列既取决于可用的兵力和火力，也取决于部队执行任务的方式和可能需要执行的附加任务。例如，与简单的急促攻击不同的是，在实施从容进攻时，进攻方可能需要考虑如何才能防止敌人逃跑——这就需要部署阻击单位，在敌人的撤退路线上实施小规模伏击。此外，指挥官也可能需要用阻击单位来防止敌人提供增援。而这一切，都要结合射击线和地形特征来考虑，以避免误伤友军。

其实突袭和伏击的概念，是非常相似的。所谓突袭，就是进攻方知道敌人的位置，然后前往该地发起突然攻击——先以支援火力发起急袭，然后突击单位冲进敌方阵地。所谓伏击，就是进攻方前往他们认为敌人将要出现的地方（敌人将要沿某一路线经过的地方），然后从隐蔽处突然发起攻击。伏击时，进攻方也会先以支援火力发起急袭，然后再派突击单位出击。简而言之，突袭就是我方前往敌方阵地发起突然攻击，而伏击则是敌方前往我方阵地的途中，遭到我方的突然攻击。

无论是突袭还是伏击，指挥官都需要考虑己方的情况、敌我力量对比、己方愿意承担的风险，以及希望达成的效果，并在此基础上确定作战的具体目标。突袭和伏击都可以只包含火力攻击，而不进行后续突击。不过，虽然这样做可以降低风险，但却无法确认战果，也无法发展胜利。虽然先进行火力袭击再发起突击，需要承担更多风险，但这样做也能取得更大的战果，并发展胜利。因此，指挥官需要权衡风险与战果之间的关系。

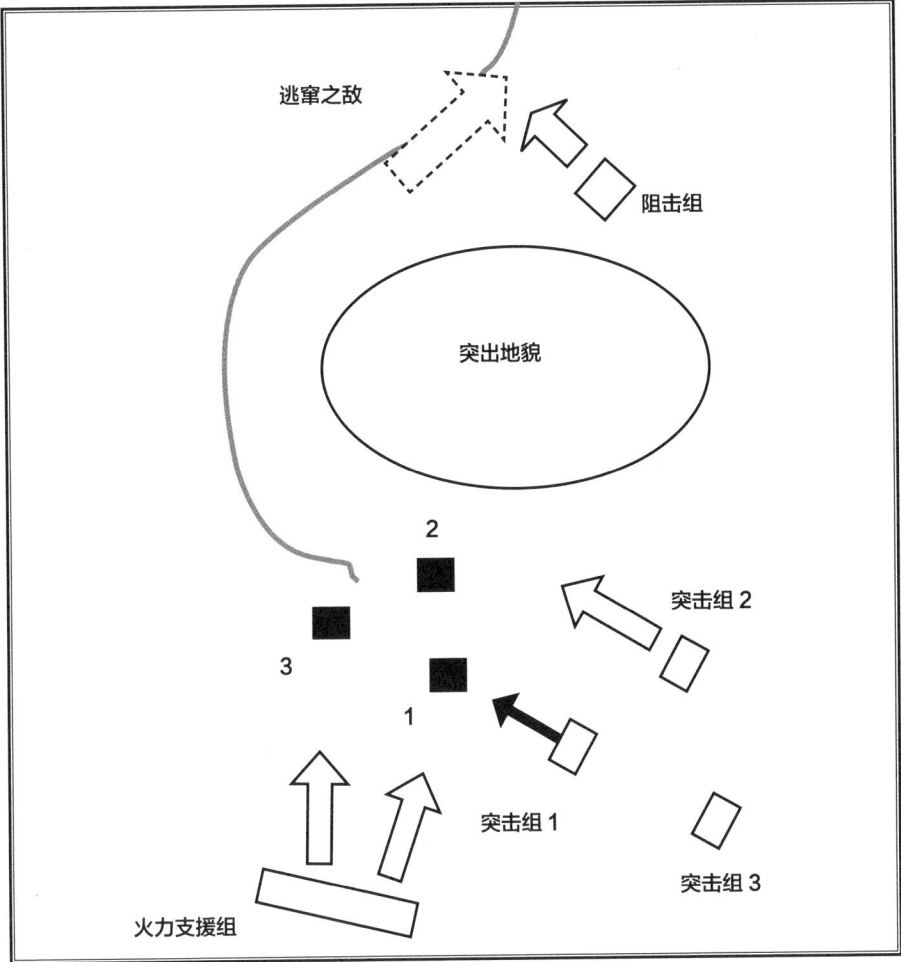

从容进攻示意图。

通过"从容进攻示意图"（这个示例可以是一次突袭），我们可以看到，目标是一个包含三座建筑物（图中的黑色方块，以1、2、3编号）的小村子。这是"营地进攻"的示例。火力支援组（支援火力组）位于能够压制三座建筑物的阵地处，在其右翼是进攻方的突击单位（1—3 号突击组）。这三个突击组各负责一座建筑物，在这个示例中，各组负责的建筑物编号与其组号相同。此外，进攻方还部署了一个阻击组，负责警戒从目标处通往外界的道路——既可以阻止任何逃窜之敌，也可以拦截任何敌方援军。突出地貌可以阻挡火力支援组射出的穿过目标的火力，防止其影响到阻击组的阵地。

在计划中，一定要确定开始将火力从每座建筑物处移开的信号（无线电信号或视觉信号），确保在突击某座建筑物时，火力支援组不会误伤友军。在完成对建筑物的清剿后，突击组需要在窗口位置发出视觉信号（通常是荧光棒和标志板的组合），向火力支援组表明该建筑物内的敌人已被肃清。但如果建筑物的规模很大，有许多房间或是很长的走廊，那么防止支援火力射入己方突击单位正在攻击的房间就非常重要了。因此，支援火力要集中在与已经清剿完毕的房间隔了一个房间的地方。也就是说，如果突击组发出信号表明某个房间已清剿完毕，正准备或已经在攻击隔壁的房间，那么火力支援组就应该对隔壁房间的隔壁发起攻击。

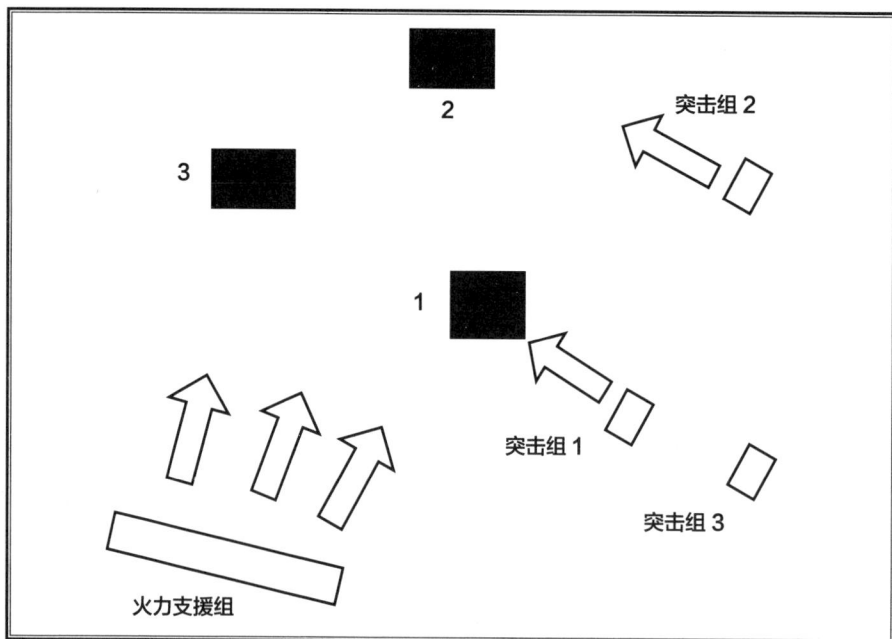

攻击行动序列详细示例（1）。

在"攻击行动序列详细示例（1）"中，火力支援组首先会压制全部三座建筑物。根据地形和计划细节，突击组也可以对建筑物实施火力压制。在这个示例中，突击组1和突击组2能从侧翼对建筑物1和建筑物2实施火力压制。根据计划安排，突击组1将向建筑物1机动，而在此之前，火力支援组要先转移攻击目标。

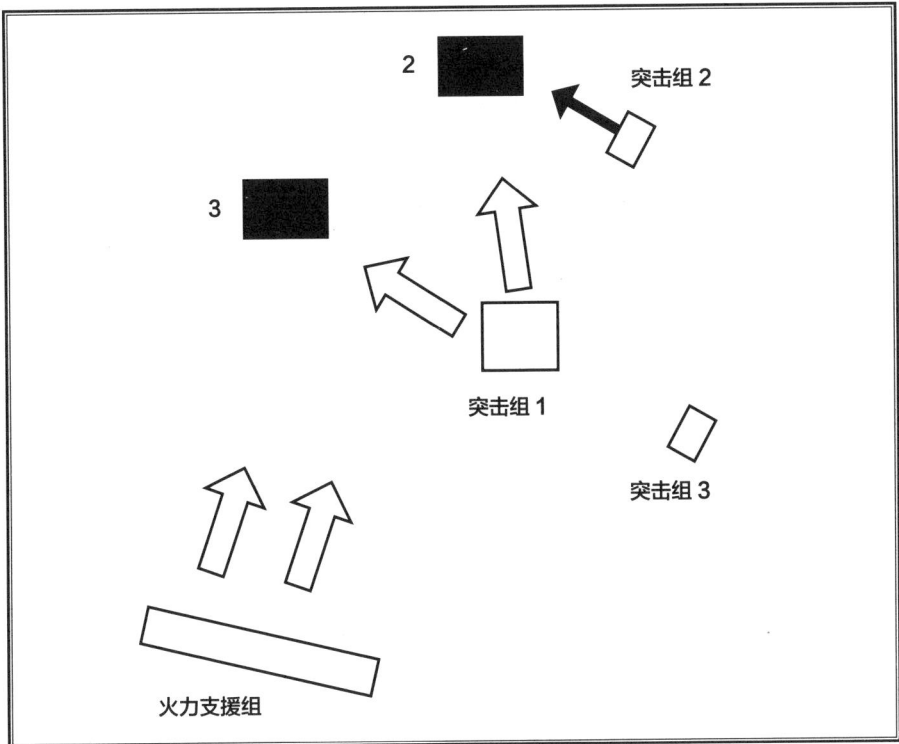

攻击行动序列详细示例（2）。

在"攻击行动序列详细示例（2）"中，突击组1已经可以从建筑物1中对建筑物2和建筑物3实施火力压制了。突击组1可以与火力支援组一起进行火力压制。当突击组2做好攻击建筑物2的准备时，突击组1和火力支援组就必须停止对建筑物2实施火力压制。我们可以从"攻击行动序列详细示例（3）"中看到，在突击组3发起突击前，建筑物3遭到了火力压制。

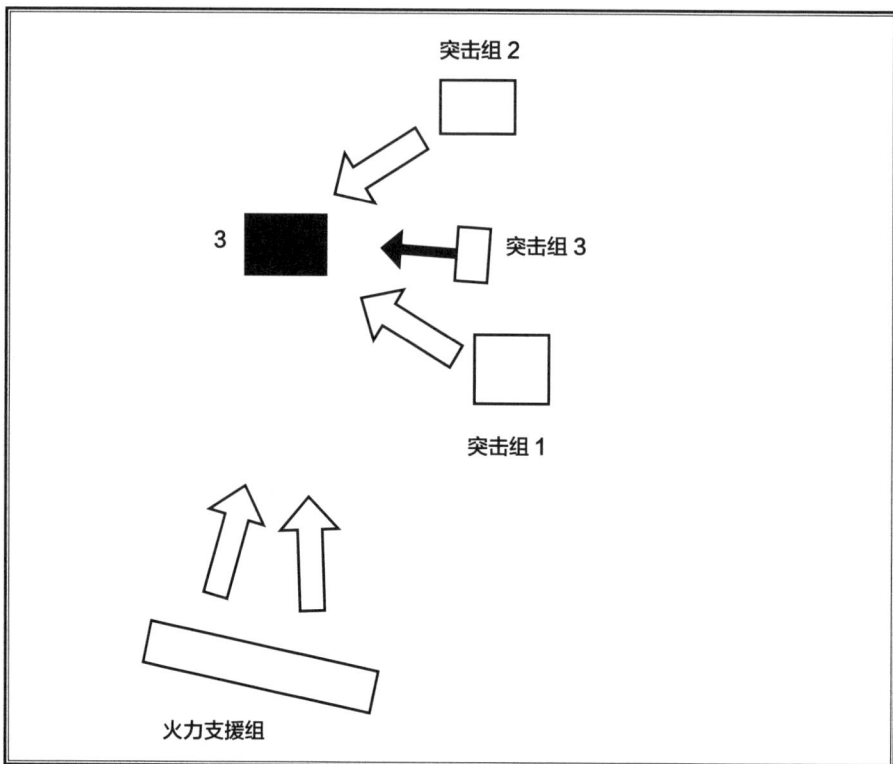

攻击行动序列详细示例（3）。

8. 合理利用侧翼

　　小单位战术是一门成熟的艺术，但很多人由于知识的欠缺和训练质量低下而忽略了它。要通过利用小单位战术使团队充分发挥效能，办法之一就是"合理利用侧翼"。

　　从侧翼发起进攻是一种高度有效的手段：通过利用有掩护的路线机动到敌方侧翼，可以避免我方直接穿越敌方火力的主要杀伤区；如果我方单位能够在不被敌人察觉的情况下机动到其侧翼，可以获得战术突然性；可以使敌人陷入交叉火力中，并让支援火力单位在压制正面敌人的同时，避免误伤冲向敌方阵地的友军。

　　此外，千万不要低估从侧翼发起突击对敌人造成的心理影响。敌人一旦认为我方部队可能出现在其身后（或侧翼），他们就可能投降或逃跑。我方既可以选择将他们就地击毙，也可以选择围三阙一——这取决于我方的目标是消灭敌方有生力量，还是夺取阵地。如果我方的目标是击毙或俘虏敌方人员，那么就应该考虑使用阻击组来对付逃窜之敌。

不过，"合理利用侧翼"说起来简单，但要真正在实战中运用，就需要掌握许多相关技能，并了解一些相关知识：

射击加机动的最基本的形式是"搭档冲刺"——实际上，这是一种基本的小组机动程序。基本的射击加机动技巧，可被用于在战场上运动、攻击穿透（突击穿透）敌人的阵地，以及脱离接触。就小单位作战而言，不应该只利用基本的射击加机动技术，切忌"烟幕弹一扔，然后直冲中路"。

即使你认为敌我双方的距离非常近（比如在实施"近距伏击"时），也应该设法让一个单位赶到敌方侧翼进行火力压制。也许敌我双方之间的距离看起来很短，但是无论如何，迎着敌军火力冲进敌阵都是一个"漫长的过程"。这条原则，适用于与敌接触时的"急促攻击"。即使我方只有两个人，也可以派一个人去敌方侧翼。

"合理利用侧翼"是一种"非自动执行"的标准程序，它需要指挥官发出命令并发挥领导作用。指挥官必须了解地形。从某种意义上来说，这仍然是"射击加机动"这一概念的延伸，只不过由一个单位负责提供火力支援，同时让另一个单位通过有掩护或遮蔽的路线机动到敌方侧翼。

一般来说，机动到敌方侧翼，主要适用于班一级的小规模部队发起的急促攻击。在实施从容进攻或发起突袭时，指挥官会根据侦察情报事先策划相应方案。因此，指挥官会部署好火力支援组和突击组。也就是说，当我方发起进攻时，负责进攻的单位就已经位于敌方侧翼了。

班急促攻击，多发生在我方巡逻队进入敌方火力杀伤区，并与其发生交战时。这时，"合理利用侧翼"的要点是让一个单位进入火力支援阵地，赢得火力战并压制敌人，为战友进行机动创造条件。突击单位要利用有掩护的路线机动到敌方侧翼，然后从那里发起攻击（最好与火力支援单位成90度夹角）。

在这里，我们可以先看看班一级部队需要掌握的相关知识。作为一种战斗程序，班急促攻击应该按照下列步骤实施：

第一步，应对敌人的有效火力（还击，进入掩体，以适当火力还击）。

第二步，定位敌人。这往往是一大难题，需要识别目标的距离、方向，并进行描述。

第三步，赢得火力战，夺回主动权并压制敌人。班长要使用射击指挥命令，综合利用急速和持续的火力来实现这个目标。

第四步，攻击。这里的攻击，可细分为：接近（利用有掩护的路线机动到敌方侧翼——先机动到整队点，然后越过出发线）；突击（从出发线附近攻击前进至敌方阵地前沿）；攻击穿透（击穿透敌方阵地并肃清敌人，直至到达发展极限）。

第五步，重组。巩固占领阵地，然后在注意各个扇区、纵深和其他敌方阵地的同时，清点弹药、伤亡人数和装备。

在上文中，我们曾简单提到过"突击循环"的概念。在这里，我们稍微进行一点补充说明，因为这可以帮助读者直观地了解如何让各个单位在进攻中轮换不同角色，以及帮助读者了解"为什么将12人或13人的班分成3个小组是最理想的状态"。

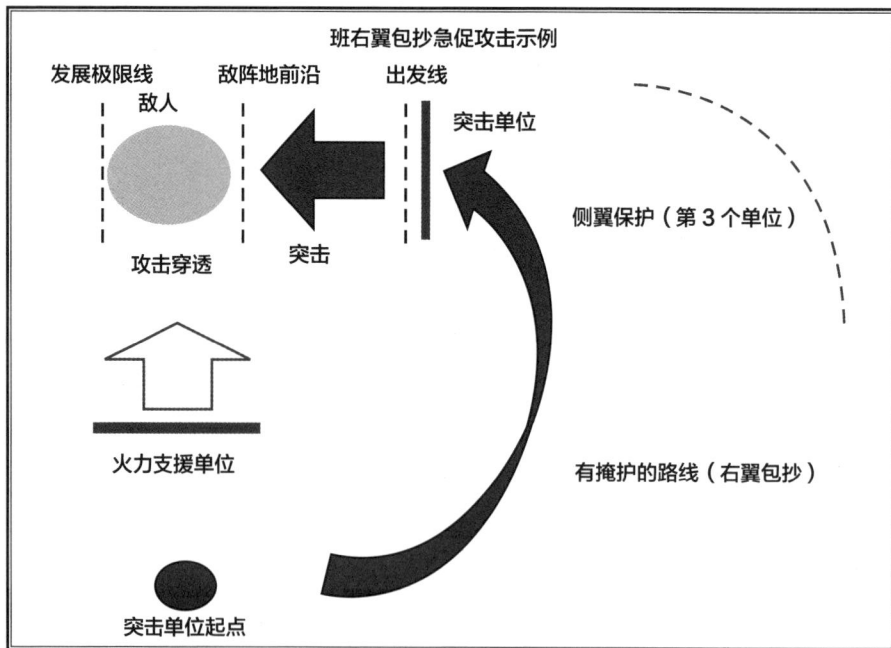

班右翼包抄急促攻击示例。

举个例子，比如我方需要突击两个敌方阵地或建筑，就应该火力压制这两个地方，并让突击单位机动到某一个侧翼。此时，我方的第三个单位很可能是预备单位或侧翼保护单位。在突击单位杀到第一个阵地的推进线或发展极限线或完成对第一座建筑的清扫时，他们很可能要转为提供火力支援角色，压制第二个阵地——这取决于地形和空间关系。这时，指挥官可以选择投入预备单位，将其作为下一个突击单位。如果最初的火力支援单位此时不能再发挥作用，也应该让他们转为预备状态或担任侧翼保护的角色。

虽然合理利用侧翼主要是突击（进攻）敌方时要考虑的问题，但指挥官也必须明白，敌人也可能会用同样的方式来对付我方。因此，指挥官必须通过防御性布置来加以防范。所以，一定要记住：阵地要做到全方位戒备，并可以互相支援。

也许，我方基地前方的林木线里闪烁的枪口焰并不是"枪战"的全部。实际上，那里可能只是敌人的火力支援单位。如果我方不注意戒备，转眼间我方阵地的侧翼就可能被一支突击分队突破了。

要做到善于或合理利用侧翼，指挥官自身必须训练步兵思维能力。他必须能够快速进行战斗估算，然后实施相关操作。要想具备步兵思维，指挥官应该切记以下要素：

第一，用"军人的眼光"来理解地形。要观察地形地貌，并注意其与敌我双方阵地的关系。

第二，要注意"死角区"——从潜在的敌方阵地无法观察到的区域。

第三，注意有掩护和遮蔽的路线。

第四，注意"微观地形"——比如，地面上能提供掩护的起伏。

第五，注意敌我双方位置的空间关系，以及可选的有掩护的路线。不过，一定要记住，绝不会有100%安全的路线！

第六，注意直射火力的效果和火力角度。

第七，注意划分潜在路线——远左、近左、中央、近右、远右。

第八，应在观察好了潜在路线后，再考虑敌方阵地的位置、我方的位置、潜在火力支援的位置，以及相关路线对突击角度的影响和对突击循环的下一环节的影响（即行动序列）。

此外，虽然指挥官要设法让火力支援单位与突击单位成 90 度夹角，但他也要考虑敌方阵地的位置，以及由此带来的影响。比方说，在面对两个可以相互支援的敌方阵地时，实施左翼包抄看似是最理想的方式，但是这样一来，当突击单位发起突击后，火力支援单位就会位于突击单位后方，而无法对位于纵深的敌方阵地实施压制。于是，突击单位就有可能被位于纵深的敌人攻击。那么，指挥官是否应该实施右翼包抄？或者，他手头还有没有第三个小组（预备小组或侧翼保护小组），可以与突击单位一起行动，压制位于纵深的敌方阵地？

如果指挥官在进行估算时发现敌人太多，那么就应该考虑脱离接触。他可以发出脱离接触的命令，并制定各小组射击加机动的序列。与之类似，如果部队在机动到敌方侧翼时意外遭遇更多敌人，此时也需要立即脱离接触——指挥官一定要当机立断，不要迟疑不决、含糊下令。

在这里，我们一定要记住一条准则：战场局势瞬息万变，在与敌人接触以后，任何计划都有可能会作废。指挥官要敢于随机应变，在注意新情报之余，合理行动。

以班长为例，他应该身处主要行动地点。由于这一地点会随着战事的发展而改变，所以班长最好独立于各个小组之外，而不是一直作为某个小组的一分子。班长的职责不是用武器射击，而是影响和指导战斗。只有在形势变得不妙，需要班长以身作则时，他才需要直接参与战斗。通常情况下，班长应该率领突击组前往敌方阵地的侧翼，并指导突击（由突击组组长带领组员实施突击，并具体指挥）。然后，班长再继续指挥下一阶段的作战，比如让预备组准备突击下一个阵地。

作为班长，如果手上兵力足够，他可以留一个单位用来直接影响战斗。如果班里有一挺机枪，可以让机枪组随班长行动。然后，班长要负责部署这个单位，并以此来影响战斗——比如将其部署到敌方侧翼。如果班长直接控制的是一个精确射手组，那么他既可以让精确射手组为火力支援组提供加强，也可以让其负责监视侧翼，或者压制新发现的、正在干扰突击组的敌方阵地。

在小单位作战时，要关注"火力的有效性"，即实施火力攻击的关键不是子弹的数量，而是准确性。举个例子，在射击已被明确识别的敌人时消耗的弹药数，应该少于训练时所消耗的弹药数。火力支援组的组长更是要随时控制火力强度，在有效压制需要压制的敌人的前提下，尽量节省弹药。

因此，在小单位作战时，士兵一定要掌握利用精确射击来减少弹药消耗的技能。当然，在需要时他也可以将精确射击转为急速射击，但随后要重新降低射速以保证持久压制。

在简单的班进攻程序中，遭遇敌方有效火力射击的小组要定位敌人，争取赢得火力战，并且在突击循环的首波突击中继续担任火力支援单位。班长可以把这些士兵视作"左刺拳"，在"出拳"的同时准备好抡向敌方侧翼的"右勾拳"。

不过，也许一开始掌握主动权的是敌人。如果班长知道自己麾下的士兵在敌人的火力杀伤区遭到射击，并可能已经出现伤亡，就应该考虑采取"有限脱离接触"的程序，使与敌人交火的小组脱离火力杀伤区。然后，班长可以考虑是否把第二个小组拉上来压制敌人，然后让第一个小组根据地形向前方、后方或侧翼机动。一旦第一个小组到达比较安全的位置，就可以让他们担任火力支援组。但是，请一定记住，不要让士兵机动到敌方阵地的正后方。

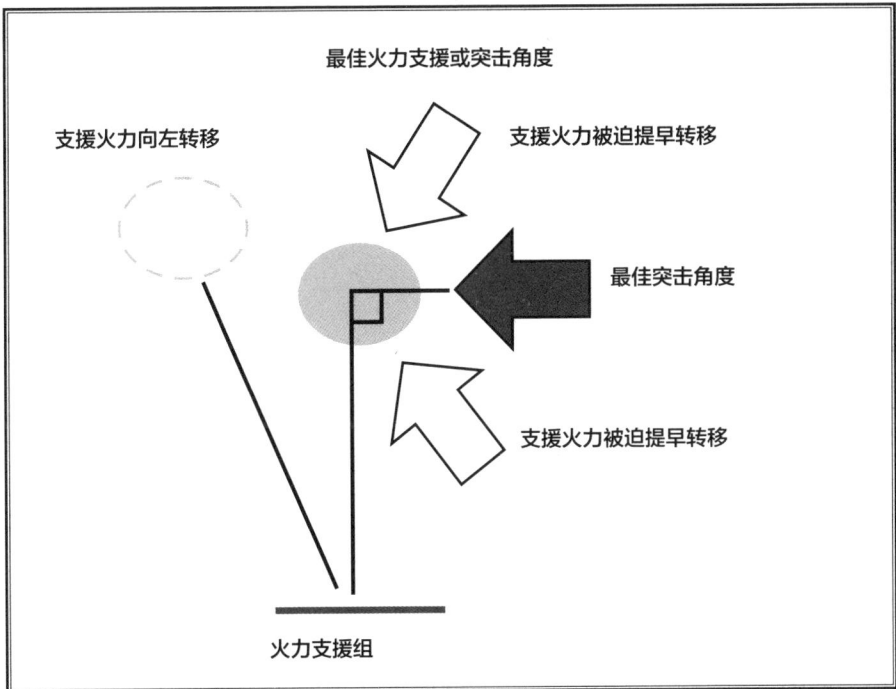

突击与支援火力的角度。

9. 建筑物内部的战斗——近距离作战

对于规模较小的部队而言，掌握在建筑物内部作战的能力至关重要——小到一座孤立的楼房，大到一座城市，都用得到这些能力。城市的环境是三维的，在这样的环境中作战存在大量风险。因此，包括防弹插板、护目镜和手套在内的个人防护装备必不可少——尤其是防弹插板。合理使用此类个人防护装备，将会降低士兵的伤亡率。

城市区域内的分队级别的作战，被称为"城市战"，而房屋突入与清扫战则被称为"近距离作战"。现在，近距离作战被很多人当成了建筑物清扫作战的同义词，而不是像以往那样，泛指丛林战等具有近距离交战的性质的战斗。

城市战与近距离作战必然是相当危险的，历史上发生在城市地区的作战都牵制了大量部队，并造成严重伤亡。比如，1943 年 12 月在亚得里亚海沿岸发生的奥托纳（Ortona）战役，皇家埃德蒙顿团仅仅在一栋建筑物中，就损失了近一个排的士兵；为占领奥托纳，盟军方面仅加拿大第 1 步兵师就伤亡了 2339 人；早在 1939 年的时候，欧洲各国和美国就普遍认为，巷战不仅令人讨厌，而且代价高昂，在战略上也没有什么太大的价值，甚至有人认为，无休止的巷战"是德国在东线衰败的第一个迹象"……

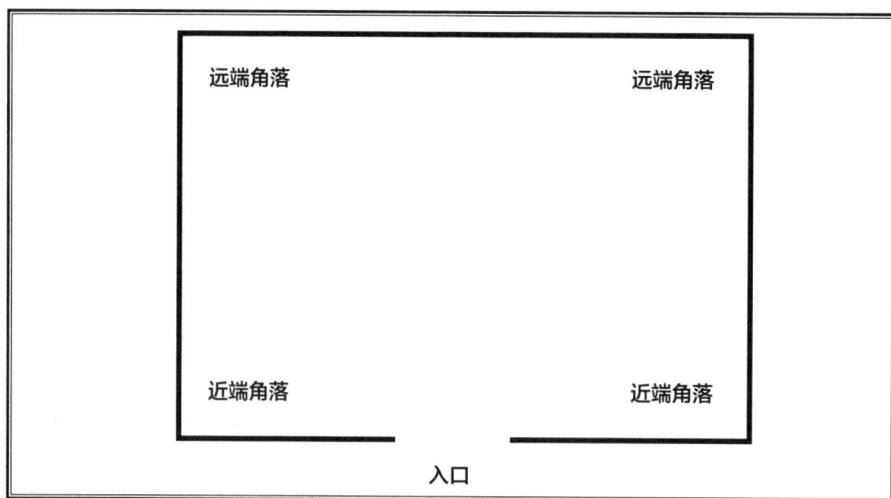

```
┌─────────────────────────────────────────────┐
│   ┌──────────────────────────────────────┐   │
│   │ 远端角落              远端角落         │   │
│   │                                       │   │
│   │                                       │   │
│   │                                       │   │
│   │                                       │   │
│   │ 近端角落              近端角落         │   │
│   └──────────┐           ┌──────────────┘   │
│              └───────────┘                   │
│                    入口                       │
└─────────────────────────────────────────────┘
```

入口在中间的房间。

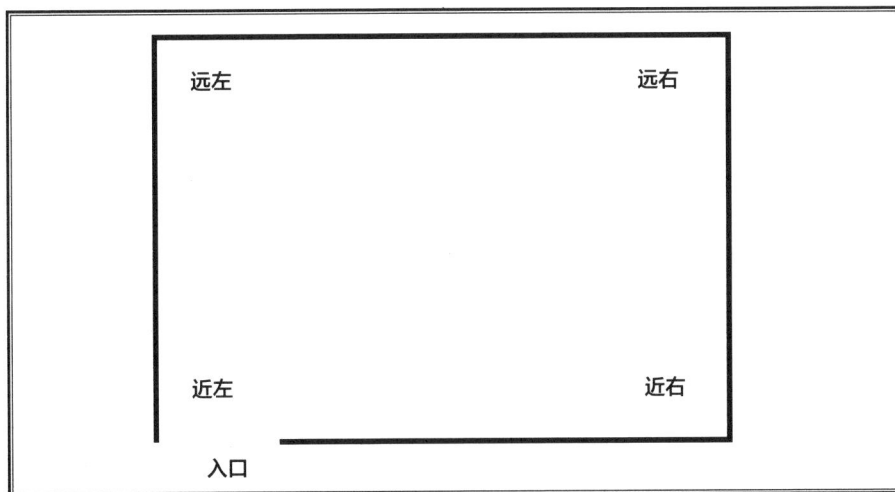

远左   远右

近左   近右

入口

入口在角落的房间。

士兵在突入和清扫房间时，要冒很大的风险，而城市里的开阔地带则更是"屠场"。最好的作战方式往往是通过爆破手段来开辟出建筑物之间的通道，从而避免进行穿越开阔地的机动。如果可以通过避免近距离作战的方式来完成任务，请务必加以考虑。但是，很多时候，在建筑物内部作战都是不可避免的。因此，我们还是有必要掌握近距离作战的技巧。

一般来说，我们的首选是一种审慎的战术清扫方法，它比传统的机动突入方法更有效。本手册将对这种战术清扫方法进行一些简单的介绍。

实施战术清扫的目的，一般是尝试在进入房间之前就发现敌人并与之交战。虽然在进入房间之时，交战仍会持续，甚至进攻方还可能会遭遇新的敌人。但是，下文讨论的技巧旨在让进攻方的士兵可以在穿过门口之前，最大限度地观察到房间内的情况。

通常，在打开的房门外面，士兵可以看到房间内的大部分区域，除了门的近端角落和家具后面（死角区）。也就是说，士兵在进入房间之前也许能看到房间里 90%—95% 的区域。因此，士兵可以利用这一点，与战友互相配合，从受到抵抗最少的路线进入房间。切记，一定要避免独自沿某个方向进入房间，以免背后遭到敌人攻击。

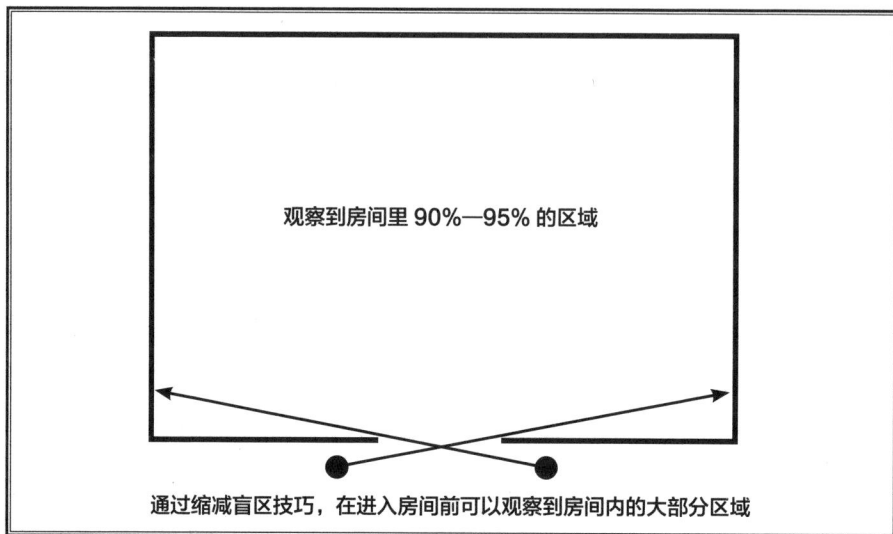

观察到房间里 90%—95% 的区域

通过缩减盲区技巧，在进入房间前可以观察到房间内的大部分区域

对打开的房门使用缩减盲区技巧。

近距离作战的强度，取决于作为战场的城市区域的敌情和建筑物的密集程度。在战斗时，士兵需要考虑下列因素：

第一，不管你选择什么入口（比如门或窗）进入房间，它都会变成"死亡漏斗"。因为人在穿过入口时，会被背景光映照出身形。如果选择穿门而入，那么一定要尽快离开门口。

第二，应尽可能从较高处的入口进入建筑物，比如可以通过相邻建筑的屋顶进入，也可利用梯子或车辆爬上屋顶后进入，还可综合利用车辆和梯子爬上屋顶后进入。这是因为在战斗时，身处高处总比身处低处好。为了进入较高处的入口，士兵应仔细观察周围环境。在近距离作战环境中，士兵应携带突击梯，这种梯子可用于最简单的目的，比如用来翻越围墙或篱笆。

第三，制造替代突破口，并尽可能避免从门或窗进入室内。可以利用大锤、破拆工具乃至车辆之类的东西，在墙壁上开洞。此外，还可以使用破障炸药包（这是一种十字形的木制装置，组成十字的两根木条各长 90 厘米左右，其末端有用胶带固定的炸药块）在建筑物上制造缺口。在进入建筑物内部后，也应该考虑通过"穿墙破壁"的方式来开辟替代路线，而不要沿着敌人预料之中的路线前进。

第四，进入建筑物后，应先清扫整个楼层，然后再机动到其他楼层。最好从较高的楼层逐一向下清剿敌人。但如果不是从较高的楼层进入的建筑物，则应该先清扫当前楼层，再进入下一个楼层。

第五，在进入建筑物前，使用爆炸装置或震撼（诱敌）装置（比如是闪光弹）来夺取主动权。当然，使用什么武器，取决于进攻方拥有的装备和建筑物内是否有己方人员或平民。

第六，从较高处的入口进入建筑物，要求进攻方拥有很强的作战决心，因为如果在战斗中落了下风，需要撤退时，位于较高处的入口可能会增加撤退的难度（尤其是在有人员受伤的情况下）。因此，从位置相对较低的入口进入建筑物，是比较谨慎的选择，但这样也会让敌人拥有居高临下的优势——手雷之类的武器，可以很方便地顺着楼梯井滚下去，甚至敌人还可以通过管道或地板上的破洞投下手雷。

第七，在通过门口前，要利用一切可用的手段减少房间（建筑物）内的敌人。可以先在近距离或远距离利用窗户投射火力。此外，进攻方也许还可以从某些角度让压制火力穿过窗户和走廊。

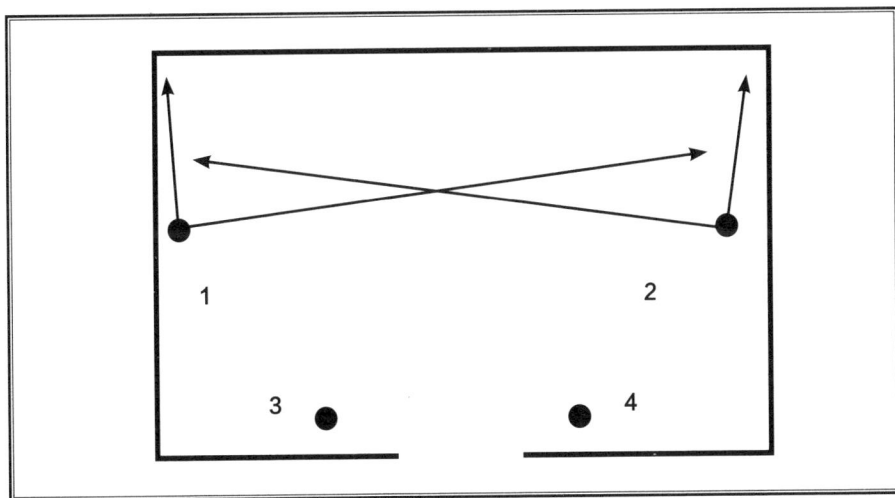

控制点（4人小组）。

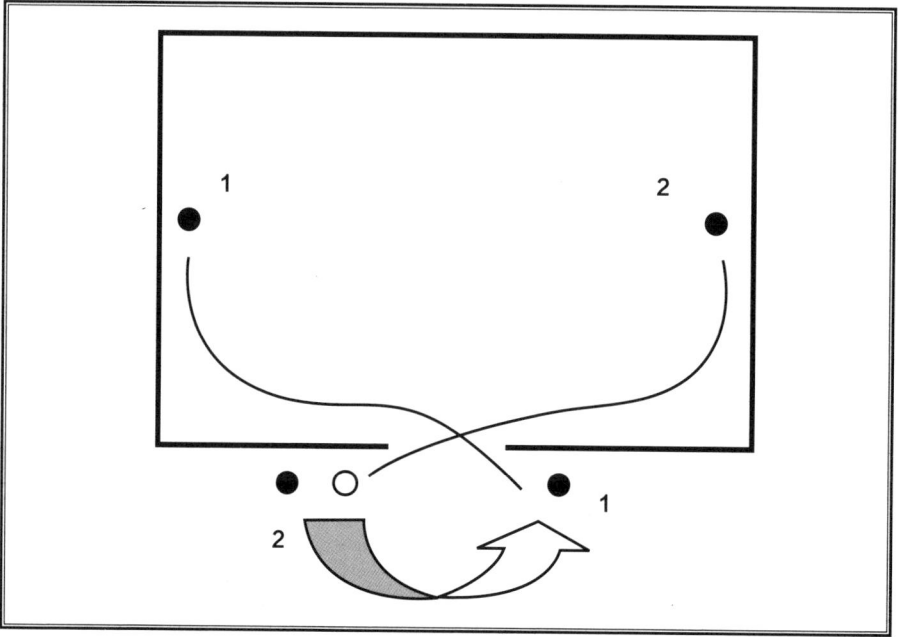

1 号和 2 号组员在打开的房门前使用缩减盲区技巧。1 号组员通过打开的房门对室内进行观察，然后与 2 号组员交叉换位通过门口，前往各自的控制点。

　　此外，在近距离作战时，还需要注意一些相关事项：

　　第一，硬质或软质墙壁。建筑物的构造会影响墙壁的强度，从而决定它能提供真正的掩护还是只能起到遮蔽作用。请注意，子弹是能够穿透软质墙壁的。

　　第二，近距离作战的要领是速度、突然性和因地制宜。

　　可以按任何节奏实施作战，既可以慢慢搜索，也可以快速突入清扫，这取决于实际情况。但是，在近距离作战中，速度的概念往往会被人误解，在训练中要解决的主要问题之一就是防止士兵过于求快，在匆忙间冲进房内。

　　如果拥有完全的突然性，那么迅猛突入通常是最佳选择。在丧失突然性后，如果能够悄悄地机动，那么仍然可以保持战术突然性。敌人不知道我们会从哪个门口突入，在什么时候突入。

　　近距离作战要求士兵眼疾手快，但脚下要慢，士兵的机动速度不能影响自己的射击准确度。在训练中，士兵们往往会头脑发热，跑步进入房间。这是错的。但是，如果进攻方在拥有完全的突然性的前提下，决定采用迅猛突入的方式进入建筑物时，犹豫不决就会变成致命的错误。如果要迅猛突入，那么整个小组的动作都要迅猛。因为通常发生伤亡的原因，就是领头的一两个人进入房间后，其他人没有及时跟进支援。

第三，要有耐心！遇到问题时切勿匆忙处理。

第四，近距离作战是智慧的较量，士兵必须仔细思考建筑物内部的各种角度和复杂结构。在这种环境中作战，非常依赖良好的通信。

第五，是迅猛突破，还是"先开口再观察"，主要取决于对威胁的判断和评估。

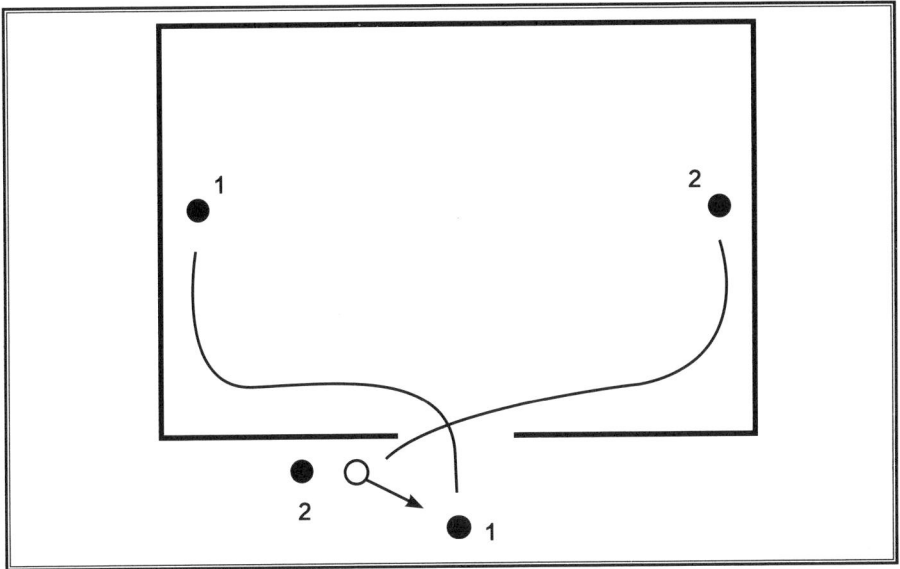

1号和2号组员在打开的房门前使用缩减盲区技巧。然后1号组员先使用中路步进技巧，再迅速执行"扣钩走位"机动。此时，2号组员可以沿抵抗最少的路线径直穿过门口。最后，两人机动到各自的控制点。如果还有3号和4号组员，那么他们可跟在1号和2号组员的后面轮流进入房间。

下面，我们再来看一些近距离作战技巧：

缩减盲区——可以在打开的房门口使用这一技巧，包括从门口一侧移动到另一侧来进行观察（切换角度）。需要注意的是：如果在进入房间前，进行缩减盲区的观察，无论是快速观察还是慢速搜索，都能让1号组员有机会决定是否进入。他可以根据自己看到的情况（比如发现了躲在工事里的敌人），决定是否先后撤，然后再寻找其他方法突破或清剿房间。不过，如果1号组员选择进入，那么同组的其他人员，尤其是2号组员，务必跟随他进入。如果1号组员进了房间，而2号组员没有跟进，就可能导致1号组员在房间里被敌人伏击。

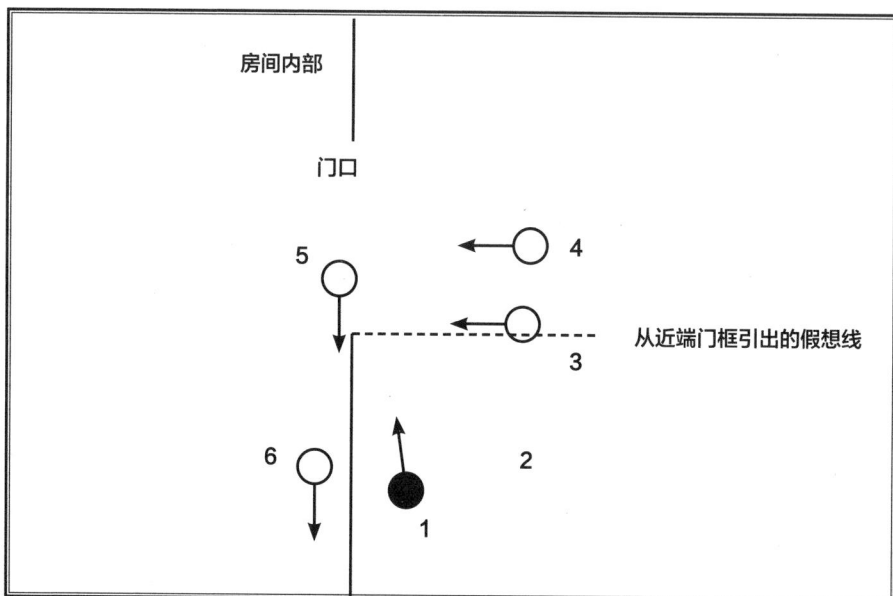

图解中路步进：
1——起始位置。
2——使用缩减盲区技巧。
3——使用缩减盲区技巧后，从近端门框引出的假想线。
4——使用中路步进技巧。
5——快步绕过门框，查看先前没有看到的近端角落。
6——继续前进至控制点。

中路步进：这是一种混合技巧，即先用缩减盲区技巧来观察房间的部分区域，然后再执行快速的"扣钩走位"技巧。使用缩减盲区和中路步进技巧的目的，都是在进入房间前尽量看清房间内的大部分区域，从而减少遭遇意外的可能。

迅猛中路步进：这是迅猛突入的战术清扫版，即快速执行中路步进技巧。

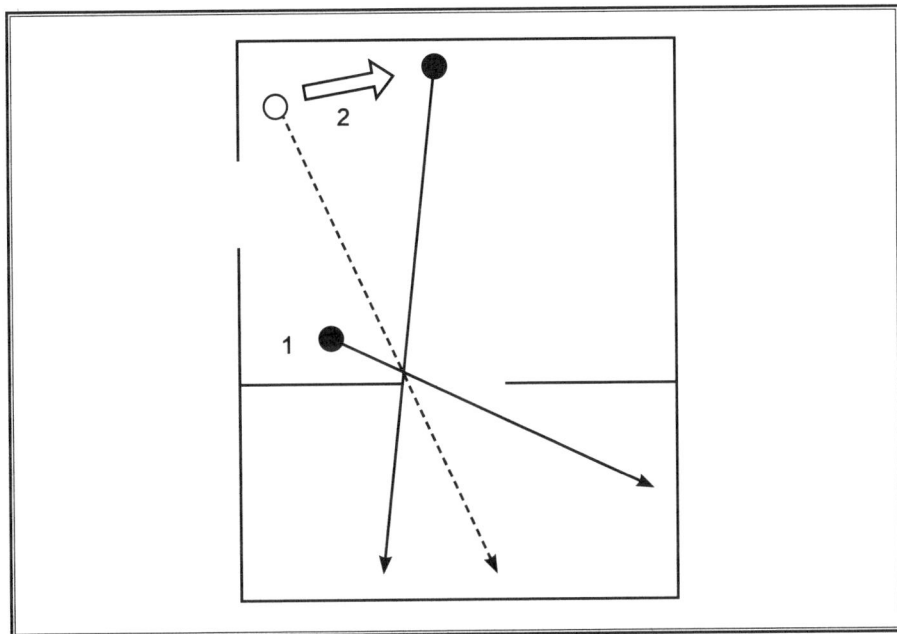

突击人员进入房间后（图中显示了1号和2号组员的位置），发现右侧有一扇打开的房门。这时，他们必须更改控制点的位置。1号组员必须提前停下，而2号组员在前往其控制点之前也必须先进行观察。

交叉换位：这是指1号和2号组员一开始分别站在门口的两侧，然后相向进入房间。

迅猛（或步进）交叉换位：这是一种在面对关闭的房门时使用的双人技巧。由于房门是关闭的，所以无法在进入房间前使用缩减盲区技巧。

渗透步法：指迅速跨过门口，并快速将武器和盾牌指向近端角落处。这在单人清扫入口位于角落处的房间时特别有用。

一般来说，4人小组可以采用以下进入程序：整个小组的成员，左右交替进入房间——2号组员的进入方向一定要与1号组员相反，3号组员与2号组员的进入方向相反，4号组员与3号组员的进入方向相反。在进入房间前，小组成员必须明确控制点的位置。一旦进入房间，小组成员就要立即机动到自己的控制点。在大多数情况下，1号和2号组员应该是最深入房间的人，他们通常要经过近端角落，并沿墙根前进一定距离。然后，他们会互相交错警戒对方枪口前方一米外的区域。最后，3号和4号组员会进入房间，并离开"死亡漏斗"区域，一人警戒远处，一人警戒高处。

也许小组成员已经预先确定了要执行的清扫程序，但任何程序都不能替代1号组员在破开房门时的决定。在房门已开启的情况下，小组成员可以先运用缩减盲区技巧来进行观察，然后再通过"扣钩走位"的方式来对房间内部情况进行观察。如果需要破门而入，那么1号组员就要先获取房间内的"快照"，然后再决定是继续执行预先拟定的计划，还是选择从另一个方向进入。如果他选择从另一个方向进入，那么2号组员和后续组员都必须朝与前一人相反的方向进入。

切记，从门外实施的所有射击，都必须在突击人员的枪口伸进门口之前进行。一旦突击人员的枪口"进入了房间"，他就必须直接冲向由自己负责的控制点。

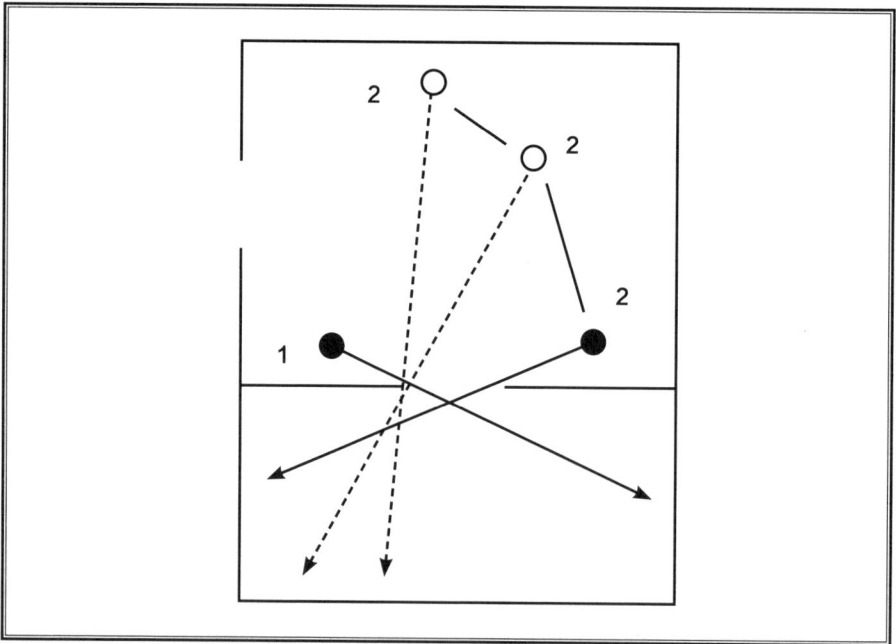

突击人员进入房间后（图中显示了1号和2号组员的位置），发现右侧有一扇打开的房门时，可以进行的一种操作流程。图中显示了在更改控制点的位置后，突击人员如何对打开的房门使用缩减盲区技巧，以及如何通过机动来进行交叉换位前的准备。需要注意的是，此时突击人员不需要放弃对已完成观察的区域的控制。

在交战中，很有可能出现武器哑火的情况。一般来说，哑火的处理程序要根据与敌人的接近程度、敌我双方的人数和携带的武器而变化。在大多数情况下，如果突击人员在与房间里的敌人交火时，武器哑火了，而他的枪口尚未伸进房间，那么他应该高声示意，并离开门口；如果突击人员在门洞里遇到武器哑火的情况，那么他要赶紧离开门口；如果突击人员在沿着墙壁跑向控制点时，武器哑火了，他就应该在高声示意的同时，单膝跪地（从站姿转为跪姿时，手中的武器应该从步枪切换为手枪），并让队友来"处理威胁"——等队友示意已解除威胁后，方可起身。

此外，还有一种比较极端的情况：武器哑火时，突击人员离敌人非常近。遇到这种情况，突击人员就别无选择了，他只能冲向敌人，并用各种方式与其进行肉搏——在很多时候，突击人员都没有机会拔出手枪。

突击人员进入房间后（图中显示了1号和2号组员的位置），发现右侧有一扇打开的房门。这时，他们必须更改控制点的位置。1号组员必须提前停下，而2号在前往其控制点之前也必须进行观察。

突击人员进入房间后（图中显示了1号和2号组员的位置），发现右侧有一扇打开的房门时，可以进行的一种操作流程。图中显示了在更改控制点的位置后，突击人员如何对打开的房门使用缩减盲区技巧，以及如何通过机动的方式来进行交叉换位前的准备。实施该操作流程时，不需要放弃对已完成观察的区域的控制。

在进行巷战时，经常需要破门。对于可以采用的各种破门方式，突击人员一定要在事先制定相应的手势信号。在破门前，突击人员一定要先按进入顺序排队。无论房门是关着的还是开着的，1号组员都应该站在门边，并抬起步枪实施警戒——他不应该靠着墙，而是应该与墙壁隔一点距离，而且他的枪口不能伸进门框。2号组员要站在1号组员后面，沿走廊或街道警戒远处（枪口要高过1号组员的肩膀）。如果这是一个四人突击小组，那么3号组员就要负责警戒走廊、街道的对面或高处（例如街对面的屋顶）。至于4号组员，则要负责警戒后方。所有人都就位后，4号组员就要发出信号（碰一下或捏一下前面的队友），并通过接力的方式让1号组员知道所有人都已就位。

然后，1号组员可以通过目视检查的方式来观察前方是否有障碍或诡雷。此外，他还必须看清门把手在哪一侧，以及门是朝外开还是朝里开——这些细节会影响后续的破门操作。如果门是朝外开的，而且打开的方向对着突击人员所在位置，他们就应该尽可能移到门的另一侧排队。

破门方法有很多种，以下是几种常见的方法：

第一种，如果门未上锁，可以尝试转动门把手，看看是否能把门打开。

第二种，机械式破门，比如把门砸开。除了用脚踢（正蹬或侧踹）、用木桩撞或用大锤砸，还可以利用工具在墙上制造突破口或破洞——执行这类操作所花费的时间和产生的噪声，可能会使突击方丧失战术突然性。

第三种，霰弹枪破门。使用霰弹枪射击门铰链（如果能看到），或者门把手和门框之间的位置（破坏门锁）。完成射击后，突击人员可能需要把门踢开。这种破门方法，能把朝外开的门变成朝内开。

第四种，爆炸破门。这是一种专业技巧，可被用于破门或破墙。如果突击人员无法通过房门进入房间，或者门口过于危险，就可以通过爆炸破门的方式在墙壁上制造一个突破口。

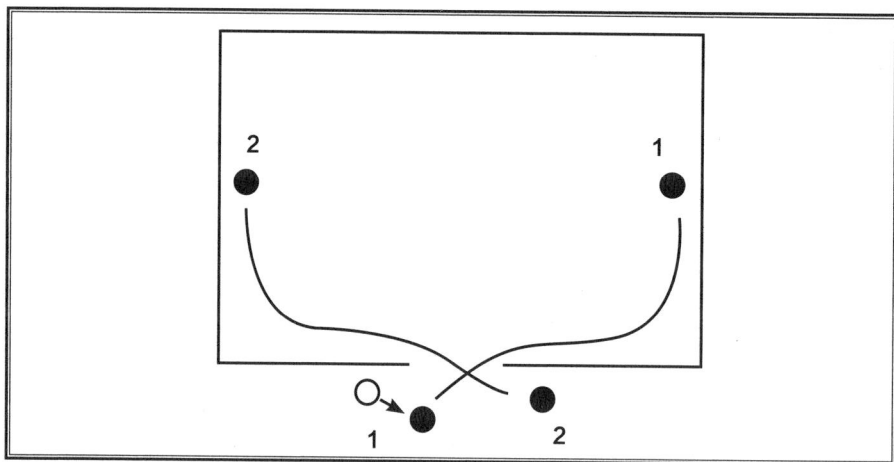

双人小组对关闭的房门执行"步进交叉换位"。2号组员负责破门。

在近距离作战时，保持通信畅通非常重要。根据战场情况和破门手段产生的噪声，突击人员进入建筑物的过程既可以悄无声息，也可以大张旗鼓。在实战中，

"突击人员可以在两者之间自由切换"，以作为最初突入后重获战术突然性的手段。因此，突击人员可以采用不同的通信手段：

手势信号：既用于破门时，也可用于在建筑物内部进行无声沟通（保持战术突然性）。

无线电：使用无线电，配合"轻声"话筒进行相对安静的沟通。

大声呼喊：一旦开始射击或有人呐喊，就没必要再保持安静了。

下面，我们再来看看突击人员在经过不同位置时，需要采用的不同队形。

在经过走廊或街道时，突击人员可以采用"一字队形"——最大限度减少全组暴露在正面威胁下的面积，利用先头人员的盾牌和防弹插板来保护位于后面的人。2号组员要举枪（高过1号组员的肩头）进行警戒。在有可能遭遇危险的时候，突击人员可以采用"对抗威胁队形"，即全组人员分列于走廊或街道的两边，先头人员一边机动，一边警戒另一边的门口或路口。此外，在经过路口或者门口（无论门是开着的，还是关着的）时，可以由一人负责警戒，待其他人快速通过后，负责警戒的人再回到队尾——采用一字队形和对抗威胁队形，都可以实现这一操作。

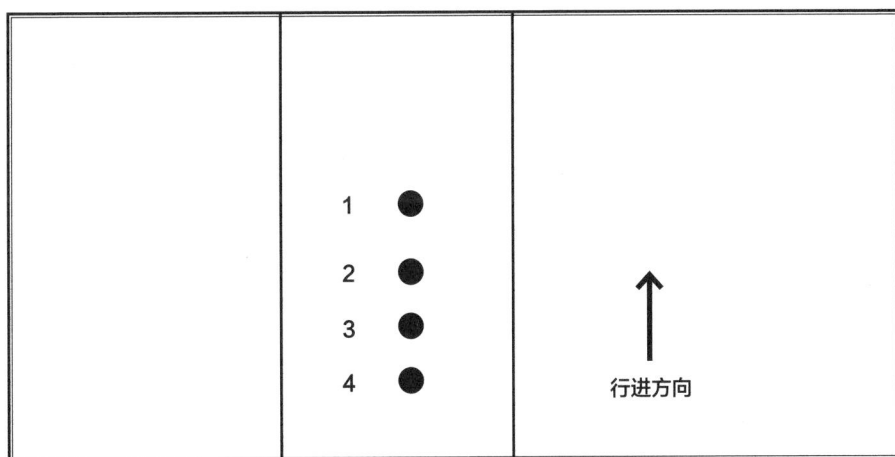

一字队形。

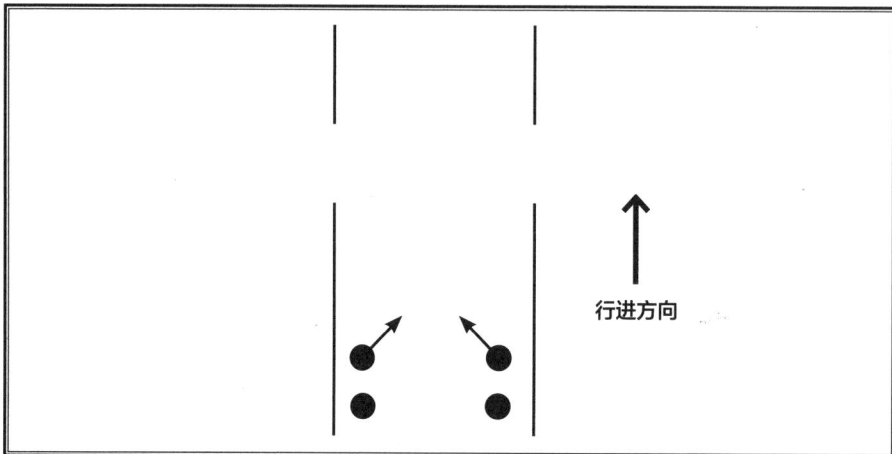

对抗威胁队形。

在经过丁字路口或十字路口时，突击人员可根据路口的类型和计划行进方向，采用对抗威胁队形的一种变种队形——先头人员在接到信号后转身，从警戒对面一侧改为警戒新出现的走廊（或街道）的方向。

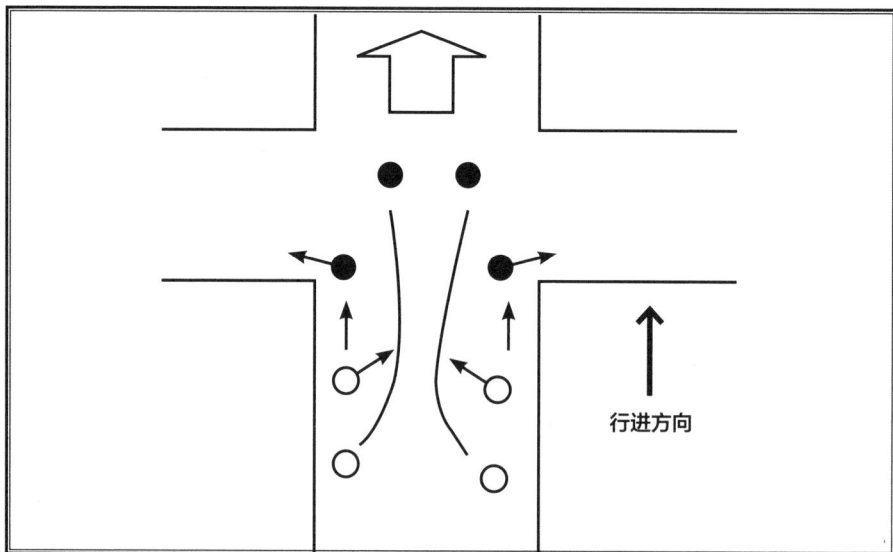

接到相关信号后，位于对抗威胁队形最前面的两人同时转身，警戒新出现的走廊（或街道），队尾两人快速通过路口。

巡逻

在执行巡逻时，巡逻队必须遵守以下原则：

第一，策划。简而言之，就是必须预先策划巡逻计划，以求尽量降低风险并实现相关目标。

第二，侦察。这是巡逻策划中不可或缺的部分。相关人员在策划巡逻计划时，必须搜集尽可能多的情报——情报可以是地图、照片、卫星照片、传闻……如果是策划进攻作战，进攻方很可能要另外组织一次搜集情报的侦察巡逻。

第三，安全。这是一切战术行动的必要环节。机动队形、路线选择、日（夜）机动因素、静态和休息队形、声光纪律措施、岗哨轮换、通讯和信号措施，都会影响到巡逻的安全性。

第四，控制。巡逻队的机动必须得到控制。巡逻队中的每名队员都应该清晰理解自己的角色。需要特别注意的是，因为任何战术行动都有可能出现未知因素，所以任务策划和演练必须包含针对紧急情况的应对操作程序（包括意外与敌接触的相关程序）。

第五，常识。任何巡逻行动都不应该教条化，不要把"手册上是这么说的"当成理由。很多时候，巡逻队员都要运用相关常识来解决问题。比如，是否需要再进行一次侦察巡逻，以获取情报；是否可以通过其他办法来获取情报；怎样最大限度减少泄密的风险；怎样在达成目的的前提下降低风险。

1. 巡逻的类型

巡逻的类型有很多种，下面我们就来看看一些常见的巡逻方式。

侦察巡逻（情报搜集）——可分为近距目标侦察（CTR）、监视与观察（S&O）和区域侦察。近距目标侦察将涉及对点目标的详细侦察——这种行动有具体的目的，很可能是为后续的进攻行动（战斗巡逻）搜集情报。监视与观察，可以在突袭或伏击等战斗行动前保持对目标的监视。必须切记的是，任何侦察巡逻都不能泄密。因此，巡逻队员应该尽量在稍远一些的地方搜集情报，并尽可能降低自己被发现的风险。CTR 中对目标的渗透，不能超过搜集情报的必要程度。区域侦察，可以在一片地理区域内开展，例如对敌方基地所在区域、敌方活动区域、敌方机动走廊、敌方后勤补给路线或敌方资源区进行侦查。

战斗巡逻（作战）——虽然战斗巡逻具有与敌方交战的明确意图，但必须在有利的条件下才可进行交战。因此，在实施战斗巡逻前，指挥官需要制定详细的计划。在有些时候，执行战斗巡逻的部队，会对敌人发起突袭（突袭是一种精心准备的进攻形式）。突袭具有明确的目的，通常不是以占领某地为目标。此外，突袭需要从与目标有一定距离的地点发起。如果是以战斗巡逻的形式进行突袭，那么必须预先计划好进入和退出目标区域的路线。一般来说，突袭的任务类型包括击毙敌方人员（俘虏），营救人质，缴获装备或物资，摧毁装备或破坏其功能，搜集涉及敏感地点发展的情报等。伏击与突袭有一些相同之处，但前者是从隐蔽阵地发起的突然攻击，具有明确的目标和特有的作战形式。

威慑巡逻——这是在我方基地或驻地附近开展的地方安保巡逻，旨在防止针对该地的攻击，一般会涉及地面控制活动（GDA）。在执行威慑巡逻时，巡逻队的规模必须足以防止巡逻队本身成为易受攻击的目标。在理想情况下，巡逻队应该能得到来自基地的快速反应部队的支援。通常情况下，巡逻队的最远巡逻距离以可能威胁基地的武器系统的射程为准。在历史上，这类巡逻曾被称为"迫击炮基地防卫巡逻"——因为其目的就是寻找敌方的迫击炮发射阵地。存在巡逻也是威慑巡逻的一种，执行此类巡逻任务的巡逻队，通常会远离基地或驻地。存在巡逻不是秘密行动，其行动方式更接近于战斗巡逻，巡逻队要针对可能遇到的威胁，选择携带相关装备。

2. 巡逻策划

策划和执行巡逻的程序大致是：接受（确定）任务，进行初步任务时间分析、发出预警令（开始进行战斗准备），研究地图（也可以进行实地研究），侦察（通常在实施战斗巡逻前要进行侦察巡逻），任务介绍，演练，实施巡逻，完成任务后的评估。虽然实施方法各异，但巡逻通常都要遵循相同的"概要序列"。

在制定巡逻计划时，一定要预先计划好出击路线（巡逻队前往目标会合点的路线）、返回路线（指从目标会合点或目标返回收拢点，返回基地的路线。返回路线应该与出击路线分开，以防敌人设下埋伏）、目标会合点（根据巡逻的性质和目标会合点的性质，这类地点也可被称为"任务支持站"。巡逻队将从目标会合点发起对目标的作战）、集结点。

　　一般来说，目标会合点不能与目标直接相连，应尽量在目标会合点设置防御措施（如果没有设置防御措施，那么它只能被视为临时地点）。

　　作为脱离接触标准程序的一部分，巡逻队可以在摆脱敌人后前往集结点。巡逻队在这种"临时"集结点集中之后，可以沿应急会合点返回基地。

3. 近距目标侦察（点侦察）

　　执行近距目标侦察的巡逻队，通常规模都较小，例如四人或六人小组。在执行这类任务时，巡逻队员一定要注意保持隐秘性。而且，指挥官也不能将执行这类任务的小队指定为战斗单位。在对目标进行渗透和机动时，巡逻队都要避免与敌方交战。也就是说，该队在意外与敌方接触时，要按照脱离接触的程序行动。

　　指挥官在组织近距目标侦察时要考虑的小组有：近距目标侦察组（CTR 组）、掩护（警戒）组、目标会合点保卫组。

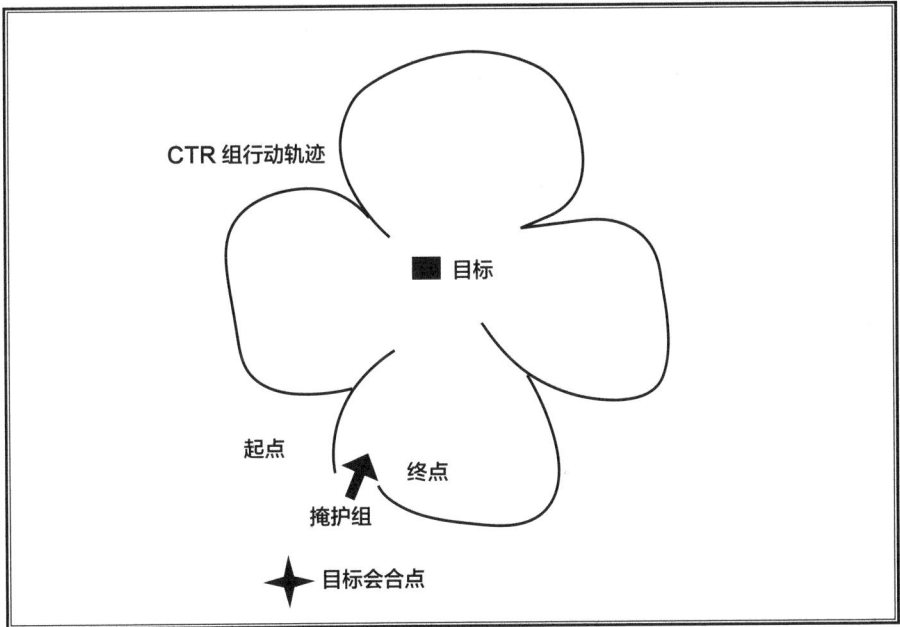

经典的"四叶草"侦察模式，CTR 组在掩护组的掩护下从四个方向接近目标。

如果巡逻队中有掩护组，掩护组的成员必须能够观察到目标，确保当 CTR 组暴露时，他们可以提供火力支援，以帮助后者撤离。因此，在整个近距目标侦察行动中，掩护组可以被视为是"一个静止的观察点"。

由于目标会合点不与目标直接相连，所以目标会合点保卫组的组员既不能观察到目标，也不能被目标观察到。也就是说，不能让同一组人兼任掩护组和目标会合点保卫组。因此，至少需要 6 个人来组成上述三个小组（许多执行近距目标侦察的巡逻队都采用了 6 人编组的形式）。

如果取消目标会合点保卫组，把目标会合点当成较重型的装备的临时存放地，指挥官就可以根据巡逻的性质来移动目标会合点——充当 CTR 组和掩护组的应急会合点。

如果执行近距目标侦察任务的巡逻队是一个四人小组，也可以将其分为一对近距目标侦察搭档（CTR 搭档）和一对目标会合点搭档，后者负责在目标会合点建立通信联络，并保护相关装备。在紧急情况下，目标会合点搭档与 CTR 搭档可在目标会合点会合。

在交代任务的过程中，指挥官应该将侦察巡逻的目的，以指挥官关键情报要求（CCIR）的形式介绍给巡逻队。侦察的目的往往是为后续作战（例如突袭）的策划提供情报，比如获取敌方位置、敌方部署情况、敌方兵力情况、敌方武器装备情况、敌方岗哨的规律和位置、敌方的士气和战斗纪律、敌方待命状态时的阵地……

当然，需要获取的情报种类，取决于后续要进行的作战。例如，在执行人质营救任务前，需要了解人质所在的位置、人质的日常活动，以及后续突袭作战中他们可能被关押的位置。

进行近距目标侦察时，CTR 搭档或 CTR 组的成员一定不能暴露自己。因此，抵近侦察或渗透到目标内部的前提，只能是为了收集 CCIR。在大多数情况下，为了减少暴露概率，CTR 搭档应该尽可能拉远观察距离。请注意，夜视装备的镜头会在直射光下反光。

在前进时，CTR 搭档的成员应该通过匍匐前进或慢速行走的方式，悄无声息地靠近目标。请注意，在夜间的树林里，在树木之间横向运动的物体都比较容易被人发现。

如果是以慢速行走的方式靠近目标，CTR 搭档的成员应该采用"幽灵步"——将身体重心放在一只脚上，试探着迈出另一只脚，脚尖轻轻着地，再用脚底外缘从脚尖到脚跟踩实地面，如此反复。与此同时，还应该用一只手轻轻向前摸索，缓慢上下移动，以试探出所有障碍。如果没有携带夜视镜，而且身处茂密的树林中，那么有一个很实用（而且反直觉）的诀窍：闭上双眼，甚至可以将头部转动一定角度以避免被树枝戳中眼睛，同时张开嘴巴——这可以让你更清楚地听见声音。也就是说，在非常黑暗的夜间，你可以主要靠听觉和触觉来前进，而不是依靠视觉。如果有碰到铁丝（例如绊发式照明弹或地雷的绊索）的危险，还可以用轻轻握住的手电筒来代替缓慢挥舞的手臂。在贴近地面的高度伸出手电筒，然后慢慢将其提到眼睛的高度，再将手电筒轻轻向前挥动——如果它碰到铁丝，力量也不足以启动相关装置。

在每次完成渗透，沿着四叶草轨迹回到目标观察不到的区域时，CTR 搭档的成员可以小声对话交换情报，并根据此时发现的目标情况调整侦察计划。此外，他们还可以使用录音设备、摄像机和目标的草图（地图）。

鉴于运动常常会使人暴露，所以即使在不移动位置的情况下，巡逻队员也必须缓慢而谨慎地做动作。"鸟头"式的快速转头动作，会引起敌方观察者的注意。因此，巡逻队员要通过转动目光和缓慢转头的方式来进行观察。在接近目标的过程中，任何"有暴露风险的行动都要早点完成"，离目标越近，越是要谨慎。巡逻队员必须注意地形和植被，并尽量利用它们的遮蔽属性来接近目标（要利用地形规划有掩护的路线，利用植被规划隐蔽的"物体堆叠"路线）。上述方法可用于应对敌方的光学和热成像观察手段。

4. 突袭

前文曾提到过，突袭是一种从容进攻，是在远离作战基地的地点发起的出其不意的进攻。因此，可以围绕巡逻行动策划突袭。

之前我们曾说过，突袭与伏击在概念上的区别其实并不大，只是在执行上有一点不同。突袭是前往敌人所在的地点进行出其不意的进攻；伏击是隐蔽起来，等敌人到来时发起出其不意的进攻。虽然伏击有特定的部署和安排，但归根到底也还是属于一种进攻行动。

突袭的原则包括:突然性,集中火力,保持锐势,保密,机动,欺骗和利用地形。在策划突袭时,有一些注意事项,包括:

①侦察——获取阵地信息,观察是否有障碍,找到接近路线。此外,还要尽可能查明敌人的杀伤区、人数和部署、优势和弱点、指挥和控制点(C2)所在地、武器和装备、士气、预备队、间瞄火力和空中支援等。侦查的目的,是获得制定计划所必需的情报。

②策划——策划发起突袭的位置、战场集结区域、突击和火力支援单位的位置、行动序列、行动目标、各小组的任务,以及安排阻击分队等。

③突袭的不同阶段——准备阶段(包括预备机动与部署、穿越封锁线、控制整队阵地与出发线);接近阶段(包括标记整队阵地与出发线、整队);攻击阶段(包括最终接敌、达成突破、攻击穿透、巩固胜利、重组部队、避免误伤)。

④保密——作战计划保密、保护侧翼、确定接近路线和欺敌计划等。

⑤战术操作——部署火力支援单位、部署进攻梯队和预备队、保护侧翼和后方,以及在纵深先发制人,打乱敌人的部署等。

⑥其他——控制措施(包括完善支援火力计划、完成支援火力引导、设定通信方式,以及确定推进极限和发展极限);时机(包括准备行动的时间、实施机动的时间,以及最早和最晚的进攻发起时间等);战斗支援;准备战斗用物资;制定伤亡人员后送会合点、伤亡人员撤离点的位置和伤亡人员运送方法等。

在夜间发起进攻或突袭时,最重要的是在避免误伤友军的同时精确协调支援火力。虽然夜间进攻能增加达成突然性的机会,但夜间进攻的控制难度要大于在白天发起的进攻。突击前的战术机动不能照搬可在白天使用的技巧,必须根据夜间条件进行修正。夜间进攻需要高超的战术技术水平,这只有通过频繁的训练实践才能达到。在进攻时,一定要避免一窝蜂涌向根据枪口火光辨认出的敌军阵地的倾向。

5. 从容伏击

伏击是从隐蔽的阵地对正在机动或暂时停下的敌人发起出其不意的攻击。从容伏击是一种专门策划的伏击行动，因此不要因为有敌人从某个地方朝我方打了几枪，就认为这是一次从容伏击。从容伏击是要有某种形式的信息或情报指导的，策划者要根据情报来决定在某个地点进行伏击。

从容伏击不同于仓促伏击，后者通常是在与敌人接触后实施的，或者是我方在被敌人发现之前抢先发现敌人后实施的。仓促伏击既可以作为在被敌人追踪时的断后措施，也可以作为占领休整营地、休息阵地或巡逻基地时的安全措施之一。

要成功实施从容伏击，前提是情报准确、策划周密和充分利用地形。即使拥有了以上全部有利因素，伏击人员的个人战斗纪律仍然是不可或缺的，伏击作战策划得再好，也可能毁于缺乏纪律。而且，实际上大多数时候伏击部队都等不到敌人，因此所有伏击计划中都要包含高效收拢伏击部队的环节，以便在没有等来敌人的情况下安全返回基地。

伏击作战需要纪律和耐心，需要遵循的原则包括：获取可靠的情报、仔细策划、制定简明的计划、进行侦察和演练、保密、注意隐蔽、保持火力。

一般来说，伏击的发起方在一场伏击中可能会用到以下编组（会根据地形、距离和布阵而有所改变）：

突击组（杀伤组）：这是对进入指定杀伤区的敌人实施火力攻击的主力。

支援组（掩护组）：这是指装备机枪的组，伏击的发起方将根据具体的伏击布局来部署该小组。如果没有机枪，那么可能不需要专门安排一个支援组。在这种情况下，可以简单地将突击组分成若干小组，例如"左突击组"和"右突击组"。在线式伏击中，支援组通常会位于突击组横队的末端；在L形伏击中，支援组可以位于"L形的短边"，从而产生纵贯杀伤区的火力。为了以"杀伤力最大的武器"启动火力打击（发动伏击），领队本人可以位于支援组的机枪旁边，而不是位于突击组的中央。

拦截组：这些小组的人数相对较少，将被部署在伏击队伍的侧翼。我们通常称其为"左"拦截组和"右"拦截组。这些小组主要负责提供敌人接近或平民进入杀伤区的早期预警、侧翼保护，并负责防止敌人逃离杀伤区。

后方保护组：根据地形和距离，伏击的发起方可能需要另外设置一个后方保护组，用于代替或配合目标会合点组。在兵力极其有限的情况下（通常是规模非常小的仓促伏击），可以让突击组中的一两个人转过身来，面朝伏击阵地后方警戒。

目标会合点保护组：可以将卡车之类的较重的装备留在目标会合点，也可以在目标会合点设置医护站。但是，在小规模的下车作战行动中，可能会没有足够的人员来组成目标会合点保护组。此时最好在目标会合点留下看守人员，让其同时担任伏击的后方保护组。

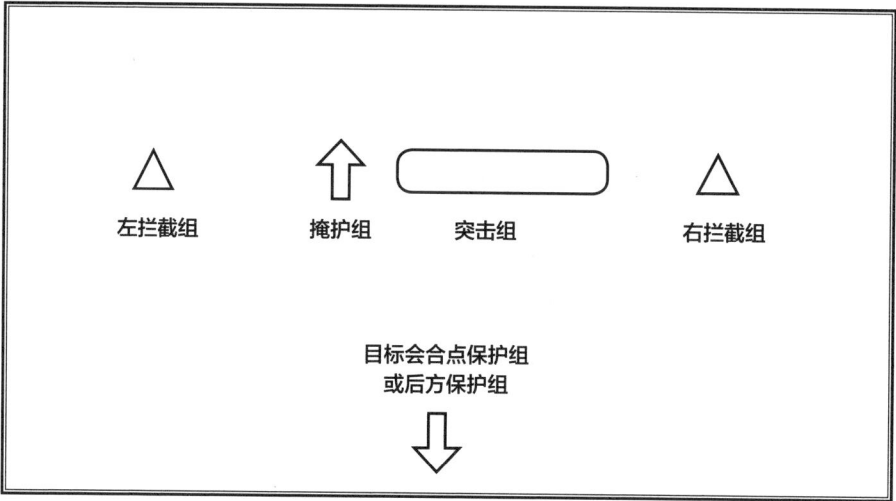

基本的伏击分组示意图。

在本手册中，我们将简单讲述三种从容伏击的形式：有限伏击、平行搜刮和全力突击。

有限伏击——进攻方发起伏击后，没有在杀伤区搜索、搜刮战利品或确认击杀战果的意图。这类伏击就是从布置完善的伏击阵地以火力发起攻击。实施这类伏击的原因可能包括：伏击优势敌军（打了就跑）；不愿承担因突击杀伤区而遭受潜在伤亡的风险；地形有利于伏击部队进行火力打击，但不利于其突入杀伤区；没有必要确保消灭所有敌人、进入杀伤区搜索和搜刮战利品。

平行搜刮——在这类伏击中，进攻方具有在发起伏击后，进入杀伤区搜索和发展战果的意图。但进攻方不会让突击组突入杀伤区，而是会让位于敌人来路的反方向的拦截组派出一部分人，通过搭档跃进的方式纵穿线形的杀伤区——根据突击组的信号指引寻找被打倒的敌人。同时，突击组会对杀伤区保持警戒。然后，搜索小组会先与拦截组会合，再与突击组会合。

全力突击——在这种类型的伏击中，突击组会根据相关命令突入杀伤区，并到达远端的推进极限线。此时，负责搜索的人员在建立警戒线之后，会返回搜索敌人尸体。

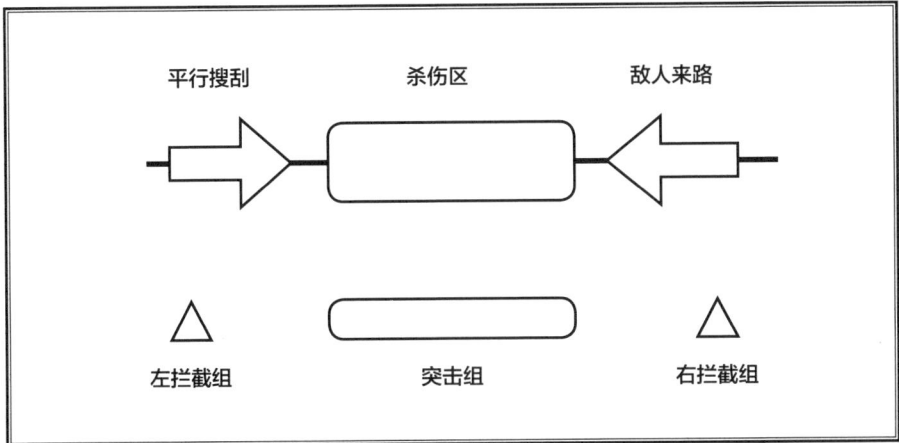

简单的线式伏击示意图。敌人会从右侧进入杀伤区。搜索小组将从左侧拦截点出发，穿过杀伤区，经右侧拦截点返回——全程在突击组的信号指引下搜索敌人所在位置，并由突击组提供掩护。

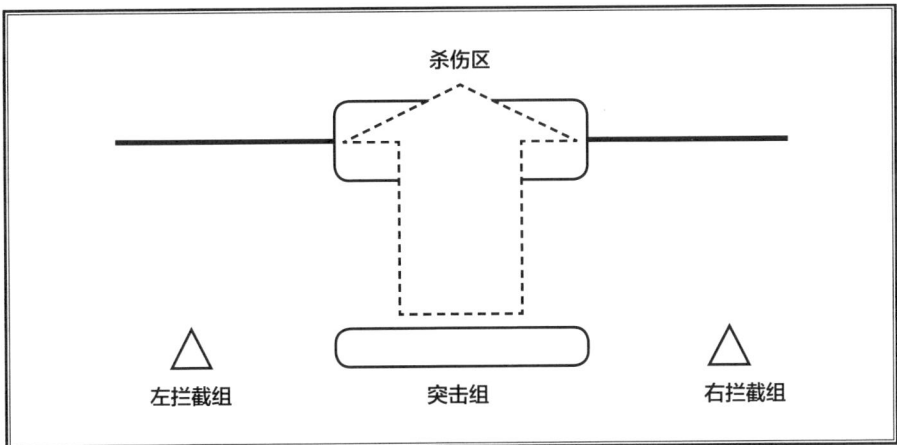

简单的线式伏击示意图。在实施全力突击时，整个突击组会突击穿透杀伤区，直至到达推进极限线。

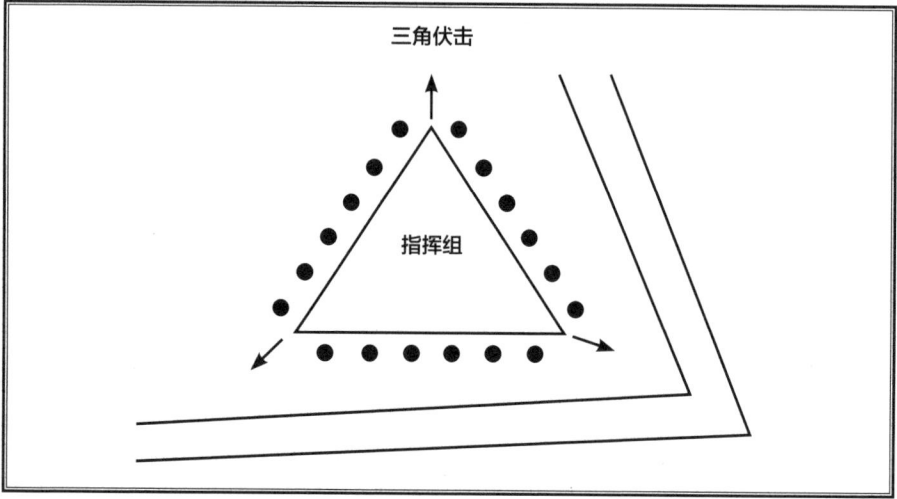

三角形阵形示例。

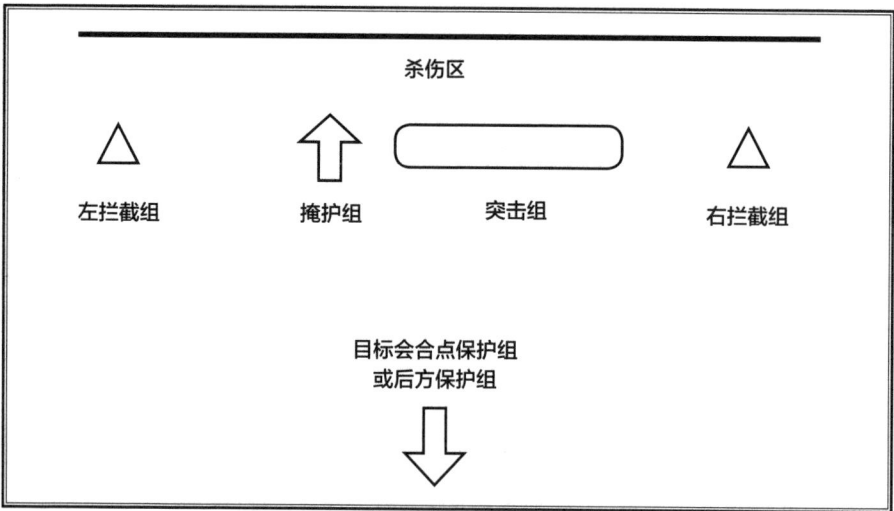

简单的线式伏击。

　　一般来说，从容伏击的阵形有三种：三角形阵形、线式阵形和 L 形阵形。如果遭到规模超出预期的敌军突击，或者敌军受过反伏击的训练，那么三角形阵形有其天然的优势。此外，三角形阵形也是排级巡逻基地的默认配置。不过，三角形阵形并不是用于伏击的理想阵形，因为它在需要更多人员来排阵的同时，减少了可朝任何方向的杀伤区投射的火力数量。通常，排级规模的部队如果要用三角形阵形进行伏击，应该在三角形的每条边各部署一个班，并将指挥组置于阵形中央。但是，如果以三角形阵形作为伏击区中心的阵形，并在主伏击地点的各条出路上布置拦截组，就可以应对各种突发情况。此外，这种阵形也可以用于铁路或公路的路口。通常情况下，应该将机枪布置在三角形的顶点（岗哨也位于该处），这样就可以让其纵射火力覆盖每段阵地（三角形的每条边）的正面。

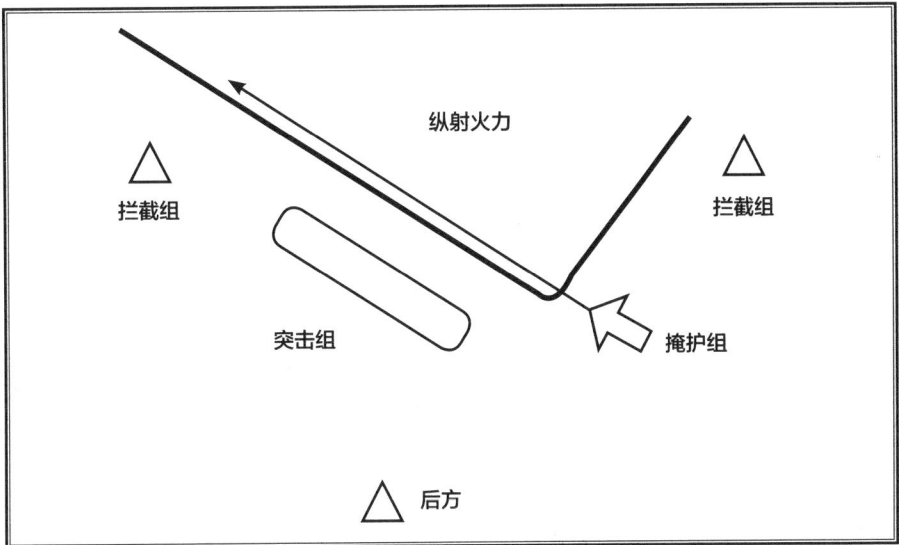

L形伏击示意图。

采用线式阵形的伏击，就是所谓的"线式伏击"，指伏击部队平行于地形特征布阵。而采用L形阵形的伏击，就是"L形伏击"——此时的阵形就像字母"L"，主突击组占据L的长边，而支援组（或其他组）则占据短边。L形伏击也需要包含其他伏击小组，例如拦截组和后方保护组。L形伏击要利用直线形杀伤区中的急弯来部署支援（掩护）组，使其可以纵向观察杀伤区，并提供纵射火力。无论掩护组里有没有机枪，伏击方都可以获得纵射火力的优势。

如果伏击部队布阵后等待了一定时间，而突击组面前有一条在其前方较近距离内横贯左右的道路，那么考虑到疲劳、匍匐姿态下肌肉受凉和僵硬的影响，当敌人通过这条道路时，突击组要跟踪并射击横穿其火线的敌人可能有一定难度。但是，如果有一个组可以顺着道路部署，那么该组就可以比较方便地用步枪或机枪瞄准迎面而来或反方向逃跑的敌人。纵射火力将会纵贯道路，而不是横穿道路，从而有更多机会击中杀伤区内的敌人。

鉴于正确布局的 L 形伏击和线式伏击都使用同样的分组，两者的实际差别就在地形和选址上。伏击方在进行策划和侦察时，要考虑相关地形特征，选择一个最适合发扬武器系统火力的地点。此外，在选址和占领伏击地点时，伏击方必须给每个人和小组分配火力扇区，以免出现误伤友军的情况。

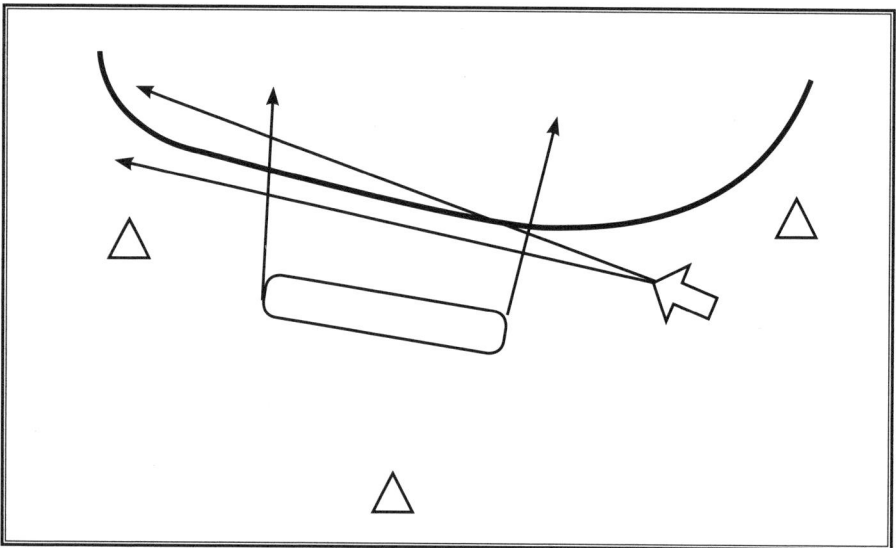

伏击方必须合理分配火力扇区，以防止误伤友军。

需要注意的是，伏击部队需要部署在合适的位置——能够监视预料之中的敌人沿着线形地形特征（比如一条河或一段公路）进行的机动。伏击部队不应该离杀伤区太近。因为如果离杀伤区太近，伏击部队就会有被敌人发现的危险。而且，如果敌人发起反击，伏击部队也会很危险——特别是当敌人发起反击时，伏击部队还没有完全进入迎战状态。另一方面，考虑到伏击部队所使用的武器（我们假设伏击部队使用的都是轻武器），离杀伤区 22 米至 90 米的距离较为合适。

此外，杀伤区本身也不应该给敌人提供太多掩护空间，否则一旦敌人依托掩体顽抗，就会增加交火时间和人员伤亡的危险。一般来说，伏击部队的规模和火力将决定杀伤区的长度，以及该部队能对付的敌人的数量。

伏击的目的是尽可能快地出其不意地杀死敌人。但不幸的是，由于地形的不完美和人为错误等因素的影响，伏击执行起来可能会受到一定的限制。如果不能立刻将敌人放倒，那就有可能出现长时间的交火，甚至可能出现敌人主动出击并翻盘的情况。另外，如果敌人有后续部队，他们还有可能会尝试从侧翼包抄实施伏击的部队。

因此，伏击方必须尽量选择有助于完成任务的地形。按理说，因为伏击是一种从隐蔽处发动的攻击，所以伏击方需要掩体或遮蔽物，以便隐藏起来等待敌人到达。如果伏击方的士兵被敌人看到，敌人就有可能会绕到其侧翼，而不是进入杀伤区。因此，伏击方还需要考虑是否要挖掘战壕并进行一定的伪装，以及建立防弹掩体——如果敌人不容易从杀伤区到达突击组的阵地，这是很有用的措施。但如果伏击方打算突击杀伤区，战壕、防弹掩体和障碍物也会对其造成阻碍。所以，无论是设置低矮的铁丝网障碍，还是打算利用悬崖或堤坝，都要谨慎考虑。一般来说，伏击方可以在可能被敌人用作掩体的地方埋设地雷或绊雷，并将低矮的铁丝网障碍放在杀伤区的远端，以阻碍敌人向该方向逃跑。

切记，伏击方不应埋伏在高度低于杀伤区的地方——这样做会给敌人带来太多优势。大致平坦的伏击场有利于突击组和支援组发扬火力，但却不能为伏击方提供"战术地形优势"。略高一点的阵地会给伏击方带来一定的战术优势，使敌人更难对伏击部队发起的反击。但要注意的是，如果地形过于陡峭或坎坷，任何平行搜刮或全力突击的尝试都可能受到阻碍，甚至无法进行。

如果用持续时间来进行划分，伏击可以被分为长期伏击与短期伏击。短期伏击是指不超过一定时限（比如 12 个小时）的伏击，具体时间取决于伏击部队的受训程度、纪律性和当时的天气。在伏击的持续时间内，伏击部队需要原地等候。实施长期伏击所需的兵力，是短期伏击的两倍。在准备进行长期伏击时，伏击方可以让一个规模较小的伏击组在伏击阵地处等候，让其他人回到目标会合点休息。此时，伏击方的指挥官必须指定换班时间，准时让负责接替的人员前出，与伏击组的人员一对一交换——这必须经过演练和沟通，因为在这个时候，伏击已经"就位"。如果敌人在换班时接近，伏击方需要采用相关应急措施。

　　无线电是布置伏击和传达早期预警的有效手段，但前提是它们能够在"耳语模式"下操作。如果不能使用无线电，或者必须实行无线电静默，那么伏击方的指挥官（领队）就必须亲自到伏击区周围进行"伏击布置"。当然，伏击方也可以采用一个土办法——在拦截小组和指挥官之间拉一条通信绳（比如降落伞伞绳）。不过，尽量不要把需要用通讯绳来进行传递的信号弄得很复杂，因为这样会造成混乱。一般来说，用拉几下绳来表示"有人接近"就够了。因为无论如何，突击组在有人接近时都应保持警惕。

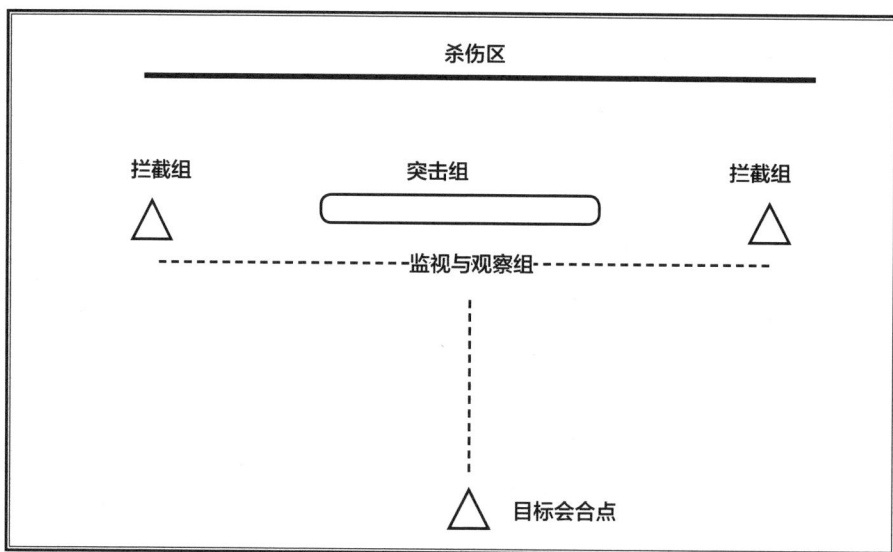

"T"字占领。

　　众所周知，伏击下车的敌人比伏击车辆简单。如果敌方的车辆没被截停，他们就可以加速离开杀伤区。此外，伏击方一定要配备合适的武器来应对可能存在威胁，因为用轻武器来攻击无装甲的车辆是一回事，用轻武器来攻击装甲车就是另一回事了。

　　伏击方必须制定相关计划，以便在杀伤区截停敌方的车辆。然而，针对杀伤区的任何计划或装置都必须在接到相关命令后才能启动。也就是说，它们既不能在随便有什么人开车或步行通过杀伤区时就启动，也不能在预定的敌人到达之前就启动。因此，拉横跨道路的绊马索、挖掘显眼的陷坑或布设木头路障都不是什么好办法。一般来说，截停敌方车辆的潜在方法（必须在杀伤区的前后两头同时进行，以防敌人逃跑）有：射杀司机；布置铁蒺藜或钉子条——需要横跨道路布设，而且用这种工具让车辆停下来需要时间；采用欺骗的方式，比如伪造事故或路障；在道路上挖坑，待敌人进入杀伤区后实施爆破；用大型车辆封锁道路；放倒树木——在接到相关命令后，使树木倒伏在路上。

既然提到从容伏击，就不能不提及伏击占领。

通常情况下，巡逻队的领队要将他在侦察时带去的 S&O 小组留在伏击场后方（正对伏击场的中心）。根据地形，他可以将拦截组成员派往他在侦察中发现的重要位置。此时，最简单、最方便控制的占领方式，就是各参与伏击的小组排成一路纵队前进到 S&O 小组后方。在这里，他们将暂时停下，并排成鱼骨队形，然后被分组带到前方的占领阵地。每个组被带着离开时，后面的组都要"向前补位"。这必须经过演练，以确保各组只有在应该离开时才会跟着带路人走，否则整个伏击部队会排成长队在拦截组的阵地附近游荡。

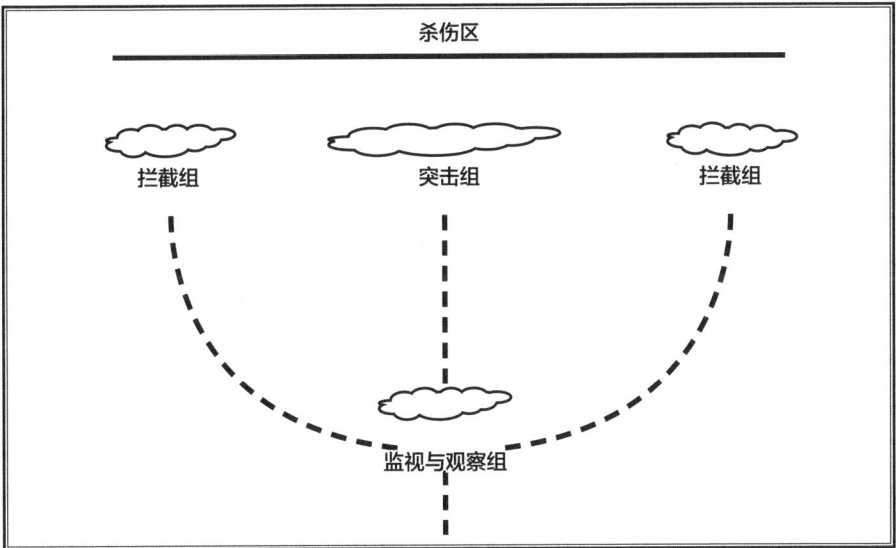

独立占领（在伏击阵地的隐蔽条件有限时采用）。

单纵队鱼骨队形"向前补位"有一个"变种"——让各参与伏击的小组在S&O组的阵地后面平行列队，并做好准备，然后一次让一个小组前进。这样一来，整个占领过程就像一个"T"字，各参与伏击的小组向"T字的横线"位置前进，先到达突击组的阵地后方，然后再从那里被带到左边和右边的阵地上。

"T"字占领的一种替代方法，在地形复杂或伏击地点隐蔽性有限的情况下很有用——就是将S&O组的阵地放在更靠后方的有掩护的位置上，然后让拦截小组独立移动到巡逻队领队指定的阵地上。这种独立占领，需要更高层次的信任和训练，而且通常需要使用无线电来布置伏击。

一般来说，由巡逻队的领队（或指挥官）带领各组进入阵地，并实施占领的部署方式如下（在主力占领阵地之前，先布置侧翼警戒）：

①在预计敌人会接近的一侧部署拦截组。

②部署另一个拦截组，以及突击组、支援组。在没有特定的支援组或机枪组的情况下，可以将突击组分成左右两个突击组，指挥官的位置在中间。

③将后方警戒组作为目标会合点保护组的补充，或者代替目标会合点保护组。

一旦相关人员就位，作为占领过程的一部分，巡逻队的领队将为每个人分配负责的区段。根据作战行动的规模，这可以在巡逻队的领队把每个人带到阵地上时完成，或者由小组长来完成。不同的区段可以由一些具体的地形特征来进行表述，例如"左侧边界，无树皮的树；右侧边界，岩石"等。此外，可以选择是否使用区段桩。

巡逻队占领了伏击地点后，需要在该地点进行一些准备工作。如果这些准备工作会带来噪音，那么可能需要将额外的警戒小组放到噪音传播的极限距离上。巡逻队可能要进行的准备工作包括：挖掘散兵坑、放置区段桩、伪装各个阵地、清理射界、铺设通讯线、埋设诡雷、放置定向雷、放置伏击灯或绊索、铺设低矮的铁丝网障碍。切记，在进行任何准备工作时，都不能在杀伤区留下痕迹。巡逻队员如果为了在另一侧放置相关装置而跨越了道路，则必须抹去所有痕迹。如果指挥通信线必须穿过小路或杀伤区，则必须通过挖掘或通过涵洞的方式来隐藏它们。

如果需要在夜间进行伏击，发起伏击的一方必须考虑照明计划。用于触发照明装置的绊索，必须由位于伏击地点的指挥组来进行操作。而且，需要将照明装置部署在相关人员和杀伤区之间——一定要有遮挡物，以防光线照射或反射到己方阵地附近。在很多时候，可以使用由电池供电的简易伏击灯。此外，发起伏击的一方还需要考虑是使用夜视仪或红外照明器辅助照明，还是采用白光照明计划。

一旦完成准备工作，每个人都要回到他们自己的位置——这就是所谓的"伏击完成设置"。指挥组可以通过无线电将"伏击完成设置通知"发送至各小组，并由组长传递给小组的其他成员。如果不使用无线电，则必须由巡逻队领队向每个人通报。当接到"伏击完成设置通知"后，士兵应将武器的保险拨动到射击挡，并始终保持这一挡位，直到伏击发动或收队——进行长时间伏击的小组互换时除外。总而言之就是，一旦收到"伏击完成设置通知"或相关信息，就要在伏击过程中保持最大限度的战斗纪律和警觉性。

在这里需要注意的是，巡逻队的领队在四处走动以传递"伏击完成设置通知"时，必须小心谨慎——特别是在夜间。有一次，一个巡逻队的领队在向突击组通报了相关信息后，去侧翼向一个拦截组通报信息。结果，在返回时，他走错了地方——在夜间从杀伤区经过，突击组开火，打死了他。因此，如果不能使用无线电通知，就应该先通知位于外侧的拦截组，再通知突击组。

在进行伏击之前，通常要做好"伏击收队"的准备——如果在一定时间内没有发动伏击，就要收队。同样，考虑到伏击完成设置后的危险性，如果巡逻队的领队不能通过无线电发出"解除警戒"命令，他就必须先让突击组解除警戒，再去找拦截组，而且不要迷路。如有必要，他可以沿着通讯绳行走。

伏击收队有几种不同的方法，但在撤退开始前，必须对现场进行清理，并拆除所有装置。此时，必须确保做好安全工作，并保持警惕，以防敌人在这个时候到来。一般来说，在因伏击没有发动而需要撤出伏击阵地时，可以采用两种方法：

第一种方法，撤出突击组和支援组，将拦截组留在原地（执行侧翼警戒任务，直到其他人撤离）。

第二种方法，让拦截组与突击组会合，并将他们送回目标会合点，然后再撤出支援组。

正确发动伏击是成功执行作战任务的关键，巡逻队应贯彻以下几个要点：

第一，巡逻队的领队对发起伏击有唯一决定权。

第二，必须针对正确的目标发动伏击。

第三，必须在目标处于杀伤区的正确位置时发动伏击。

第四，在发动伏击前必须保持隐蔽，以免暴露自己。

第五，开火信号不能有任何含糊之处，否则可能导致士兵在错误的时间意外开火。

第六，如果是小规模的伏击，巡逻队的领队可以用他的个人武器发起攻击。

第七，必须通过能够杀死敌人的事物来"发动伏击"——比如机枪或步枪等。这就是为什么要把武器的保险拨到射击挡，以及为什么绝不能以口头命令和类似于发射信号弹、吹口哨等方式来发动伏击。所有这些非致命的"发动伏击的信号"，都会留给敌人反应时间，让他们可以移动到掩体处，甚至发起反击。

第八，一般来说，伏击应该通过能造成最大杀伤的武器来"发动"。这就是巡逻队的领队可以与支援组待在一起的原因——他可以在适当的时候命令机枪开火。如果埋设了定向雷或其他爆炸装置，可以将它们部署在能横扫杀伤区的位置——用引爆它们的方式来发出"发动伏击的信号"，或者用它们来对付发动伏击后，可能躲藏在掩护物（如沟渠或河床）后面的敌人。

第九，如果使用机枪来"发动伏击"，则应尽量配备两挺机枪，或至少在其中一挺发生故障时有快速补充火力的手段。机枪在打开枪栓的情况下进行射击时，如果击发失败，响亮的噪音可能会暴露目标。如果用机枪来"发动伏击"，而且巡逻队的领队处于两挺机枪之间，他可以将双手放在两侧的机枪手的肩上——用捏三次肩膀的方式来命令开火，以避免打瞌睡的机枪手在错误的时间扣动扳机。

第十，如果使用某种手段封锁道路，而这种手段本身并不致命（例如炸倒一棵树），则必须与致命打击的发动时间相配合。

第十一，发动伏击时，伏击部队必须立即以足够猛烈的火力进行打击。这样做是为了立即打击和杀死敌人。因此，火力必须猛烈而准确——旨在利用出其不意的因素，结合猛烈而准确的火力，立即杀死敌人。如果掌握了目标的具体细节、特点和人数，巡逻队的领队可以指定射击目标，例如指定两个步枪手射击一个敌人。如果没有获得详细情报，巡逻队的领队应该让每个突击组和支援组射击自己负责的区段内的敌人，以防止大家都向一个明显的敌人（比如"戴橙色帽子的大个子"）射击，而导致有些敌人根本没有遭到火力打击。

当伏击部队以猛烈而精确的火力发动伏击后，还应按若干阶段展开行动（会根据伏击类型的不同，而有所变化）：

第一步，初始伏击火力打击：这将由突击组或支援组来执行，并将持续到杀伤区内的敌人停止运动为止（也可由巡逻队的领队来决定停止时间）。这个阶段有时被称为"疯狂一分钟"。此时，拦截组不会开火，直到有敌人试图离开杀伤区。拦截组的作用是在整个伏击行动中，为己方提供侧翼保护和早期预警，以及在伏击行动开始后防止敌人逃跑。

第二步，观察并射击：一旦杀伤区内的敌人停止运动，巡逻队的领队就会发出"停止射击，观察并射击"的信号。此时，各小组应停止射击（杀伤区内出现任何移动目标时，都要恢复射击）。躲藏在掩体后的敌人或匍匐行进的敌人，可能会抓住这个机会进行突破，这时拦截组就开始射击了。

第三步，取决于伏击类型的后续行动：如果这次伏击是有限伏击，那么此时应该直接转入撤退阶段；如果这次伏击是平行搜刮，那么就可以让指定的搜索小组出动了——以搭档的方式进行搜索，并遵循搜查程序；如果这次伏击是全力突击，就应该让突击组对杀伤区发起突击了（向前移动并穿越杀伤区，直到抵达推进极限线）——根据距离的远近，可以执行小组射击加机动的操作，然后进行突击穿透。在这一阶段，支援组（如果该小组配有机枪的话）将留在原地掩护突击组的行动。

第四步，撤退到目标会合点：此时，需要用一个明确的信号来启动撤退程序。

如果伏击失败，也就是说在杀伤区内有无法被消灭的敌人，或者在杀伤区内外各有一部分敌人，那么伏击方要立即通过射击加机动的方式来脱离接触，并确保拦截组不被拖在原地。在这种情况下，要忘掉一切有序机动的想法，由小组长们来对各自的小组负责。在这个时候，目标会合点就是紧急集合点。

如果在伏击发动前、伏击发动过程中或任何时候，敌人从侧翼发起进攻，那么拦截组将与之交火并为己方提供侧翼保护。从小规模战术的层面上来看，一个拦截组可能只有二到四个人，并不是一支强大的力量。因此，他们虽然会与敌交火，但不会与之决一死战。在收到最新战况通报后，巡逻队的领队应该把他的部队转移到目标会合点处的安全位置，以等待拦截组赶到，或者根据地形以某种方式重新部署，以支援与敌交战的拦截组撤退。在这种撤退中，不应使用 T 字队形，各小组将根据地形和敌情返回目标会合点。

如果在执行伏击任务的任何时候，己方出现伤员，就必须制定相应计划来疏散他们。如果战术情况允许，可将车辆或全地形车放置在目标会合点，或在考虑噪音的前提下，将其放置在一定距离外的另一个会合点，以便呼叫其前出。目标会合点也可以作为撤退时的伤员清理点。考虑到下车搬运伤员的难度，以及抬担架所需的人力，指挥官或巡逻队的领队必须明白，如果伤员能坚持，那么可能需要坚守据点或反击作战。

进入目标会合点后，各组的组长必须有力掌握他们的小组，以便高效收集所有装备（如背包），并按行军顺序列队（面向进入时的相反方向）。组长和巡逻队的领队将清点人员，然后巡逻队沿预先计划路线快速返回。起初应该快速机动，离开伏击区，以挫败敌人任何反击、间接火力打击或以飞机跟踪的企图。一旦离伏击地点足够远，巡逻队就可以放慢速度，并经过一系列检查点返回。

6. 仓促伏击

根据定义，仓促伏击是无计划的，是在某些情况下执行的标准程序——例如：在建立休息阵地或巡逻基地之前打出战术空间；在与敌人接触后被追击时，为了脱离接触而创造空间；尝试地方的减缓追击速度；在被追踪时，通过其他的反追踪技术不能甩掉追踪者；抢先发现敌人时，为了获得有利的战术位置（具体取决于敌人的行动）。通常，在上述这些情况下，发起伏击的部队的规模会很小，所以必须在从容伏击的标准程序的基础上加以调整。

一个班的简单仓促伏击队形。注意看负责警戒后方的人，以及在两边负责提供侧翼保护的人。

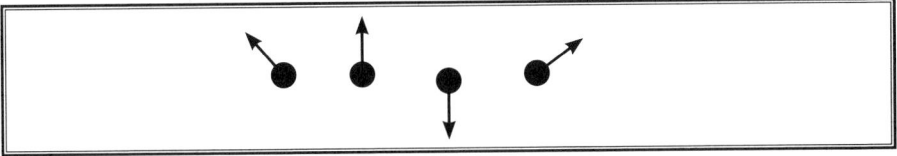

一个小组的简单仓促伏击队形。

在巡逻过程中，从一个阶段转到另一个阶段时，为了创造战术安全、战术空间，以及想确保身后有没有敌人跟踪，可以采用急转弯式伏击（鱼钩式伏击）。在紧急情况下，巡逻队可以朝着来时的方向，横跨自己的后路进行仓促伏击，但最好是在急转弯后移动到侧翼，平行于道路进行伏击。

实施急转弯式伏击的要领是——急转弯（与自己的行军路线成90度夹角），然后深入到有足够掩护或遮蔽处，再转90度，从而面朝来时的方向，进入仓促伏击阵地。这样做，巡逻队（伏击方）就可以观察到自己的后路了。重点是，如果被追踪或跟踪，当巡逻队到达急转弯的地点时，敌人或许已经进入其杀伤区了。

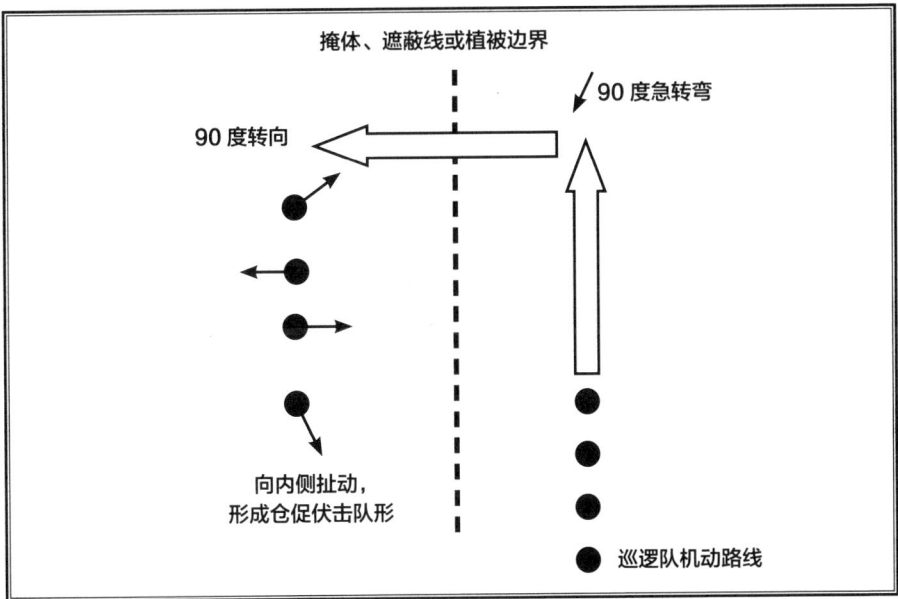

掩体、遮蔽线或植被边界

90度急转弯

90度转向

向内侧扯动，
形成仓促伏击队形

巡逻队机动路线

急转弯式伏击。

7. 基本反追踪措施

在执行巡逻任务时，为尽量减少敌人对自己的有效跟踪，可以考虑采取以下措施：

①采用拉长横队，而不是纵队或单纵队。

②尽可能在雨中行动。

③使用无特征的鞋子或普通的鞋子，并用布或沙袋包住鞋子。

④利用溪流、河流、公路和铁路来隐藏足迹。

⑤在多岩石或坚硬的地面上行走，或者在有家畜的地方行走（家畜的足迹会掩盖你的足迹）。如果能做到不暴露自己，也可在交通繁忙的区域机动。

⑥化整为零，然后在预先指定的集结点集合。

⑦"扫除"自己的足迹。

⑧不要在松软的地面（例如河床）上行走——追踪者可以根据此类特征地形评估你的行军路线，并派出若干小组越过你的队伍进行拦截。

⑨如果敌人带有军犬，可以设法让驯犬员筋疲力尽，比如选择走非常难走的路线、频繁改变方向、反复穿越栅栏和树篱线等。

除了上述措施之外，最后的办法是：实施仓促伏击。

8. 地面控制活动

地面控制活动巡逻，大多是在己方基地或阵地周围进行的，目的是阻止敌人对这些阵地发起攻击。这类巡逻的最远距离通常不超过可能被用于攻击己方阵地的武器的射程，并且通常要包括可能的或曾经被利用过的射击地点。

如果一个基地受到了威胁，基地指挥官为解除威胁而派出了巡逻队，那么这支巡逻队自然会成为敌人的目标。因此，这支巡逻队需要有足够的实力来保护自己，并获得相关作战体系的支持——通常包括由战术行动中心（TOC）和快速反应部队（QRF）提供的支援。基地指挥官一旦派出地面控制活动巡逻队，就会让巡逻队和敌人"玩一场猫捉老鼠式的游戏"。

在进行地面控制活动巡逻时，巡逻队一定要避免采用固定模式。所谓固定模式，指的是巡逻队按照固定路线和地点巡逻——这会被敌人发现并攻击。此外，不良的垃圾处理纪律也会成为一个大问题。如果反复使用某些休息或监视位置，并留下明显的垃圾堆，就有可能会被敌人伏击或被敌人设下诡雷装置。

与固定模式一样，在进行地面控制活动巡逻时，巡逻队必须避免例行公事。也就是说，不应该有所谓的"例行巡逻"。一旦巡逻队在时间、路线和地点方面变得可被预测，那么敌人就可以发起袭击了。因此，在巡逻时，一定要让自己充满"不可预测性"——也就是说，巡逻队必须以某种避免形成时间和路线规律的方式来进行巡逻。简而言之，就是不要让敌人了解或熟悉你的巡逻程序、组织和人数。

在这里，我们可以聊聊卫星巡逻这一概念。所谓卫星巡逻，指的是一种非常适合于三组人员的巡逻手段。它是对一般性地面控制活动巡逻的补充，其本质是"为敌人制造不可预测性"。三个小组不是以经典的班机动队形（如在行进或警戒行进时）机动，而是以一种相互支持的队形来实施机动。各小组之间将保持交替战术跃进——不是传统的线式警戒行进，而是以大致呈三角形的队形来行动。而且，每当巡逻队处于静止状态时，至少要有一个小组进入警戒位置。

在进行卫星巡逻时，班长可以将自己的大班分成几个小组，然后沿着一条共同的轴线分别实施机动。各小组既可以相互提供支持，又分开了一段距离——不能位于彼此的轻武器的有效射程之外，大概就是 100 米到 300 米之间（具体距离与地形息息相关）。虽然各小组之间最好用无线电来进行协调，但并不是必须这样做。因为大家都处于一条轴线上，会经过一系列预先确定的会合点实施机动。在通讯中断或需要保持无线电静默时，各小组可以在下一个集结点会合。

卫星巡逻，非常考验巡逻队员的能力、受训练程度和相互之间的信任度（小组长必须信任班长，班长也必须信任小组长，上下级之间必须相互信任）。班长必须实施"任务式指挥"，让下属的小组长在整个任务的范围内"自行其是"。各小组有一定的自由度，可以不用等待命令，主动前进，用火力打击敌人。在敌人受到各小组攻击后，班长可以进行评估，并决定由谁来机动，以及向什么方向机动。

"任务式指挥"意味着下属可以在上级指挥官的意图范围内，主动积极地行动，但如果小组长完全脱离了班长的控制，班长就会很难办。归根结底，"任务式指挥"不代表小组长可以完全放飞自我，完全脱离上级的控制或违背上级的意图。当然，班长也要充分信任各小组长。例如，先头小组的小组长在遇到无法应付的情况时，他可能会请求与敌人脱离接触。此时，班长不能强行命令他留在原地，而是应该调动其他小组来支援先头小组撤离。然后，班长应该评估当前的局势，并制定下一步的行动计划——脱离接触可能只是为了离开敌军的打击范围，转到更有利的阵地上。此时，撤退的先头小组可能已经在某个火力支援阵地上站稳了脚跟，使班长有了选择实施进攻行动的可能。当然，班长在进行评估（战斗估算）后，也可以决定将整个班撤出来（脱离接触）。

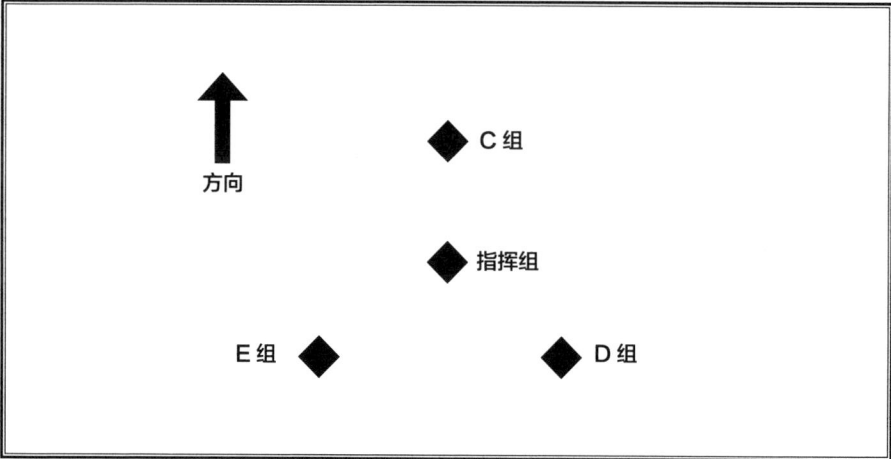

"单组突前" 的卫星巡逻。

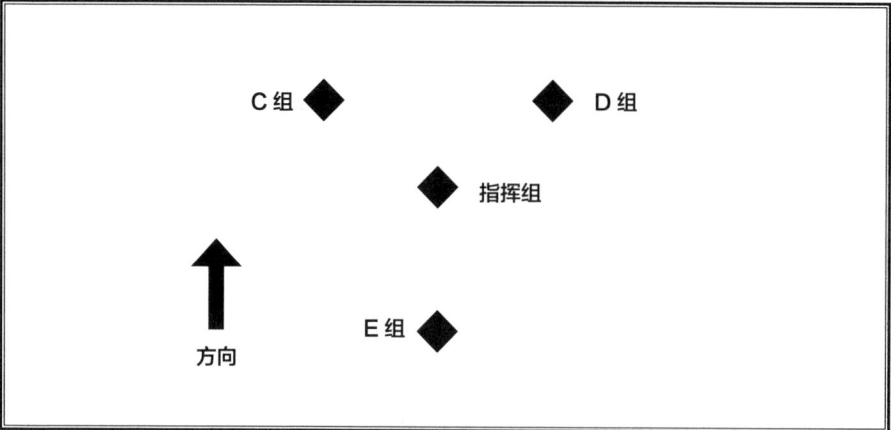

"双组突前" 的卫星巡逻。

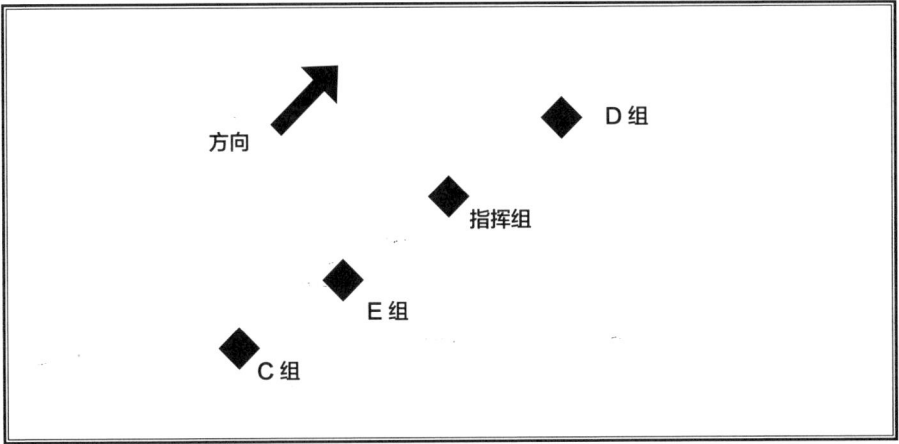

更传统的警戒行进方式，各个小组交替战术跃进。

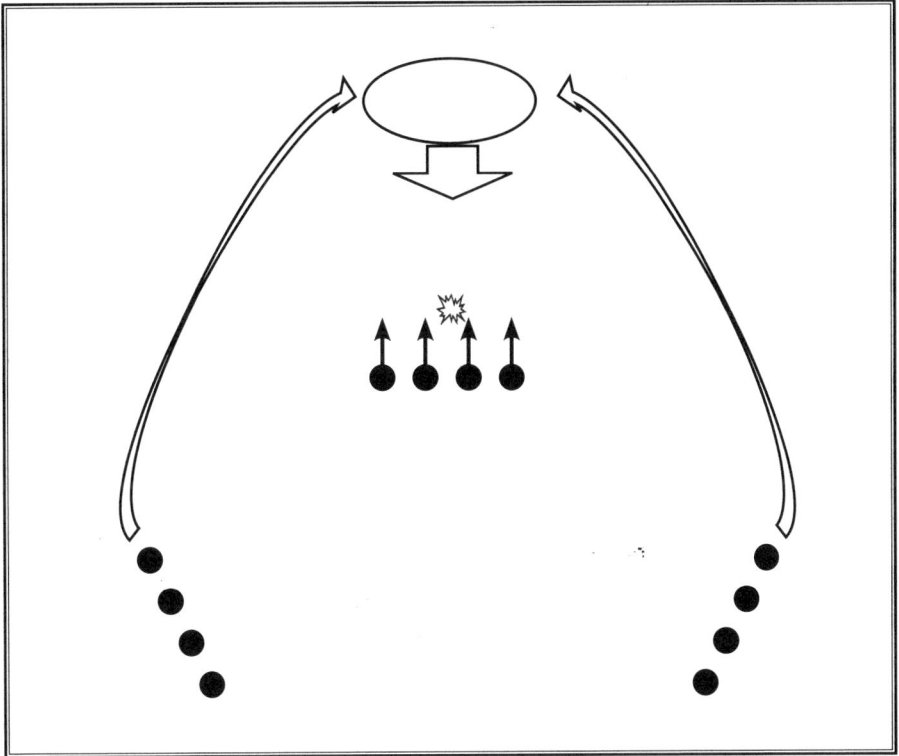

"强硬而快速"的接敌应对程序。

9. 分队战斗序列与机动示例

接下来，我们来看一些巡逻阵形的例子。"单组突前"和"双组突前"并非死板且不可变的，它们实际上只是指巡逻队在进行卫星巡逻时，采用的大致呈三角形的阵形。下面，我们就以一支包含了 4 个小组的巡逻队来进行说明。潜在的战斗序列为 4 个小组，共 16 人：

指挥组

    A 搭档——分队领队（班长）、分队资深医护兵

    B 搭档（机动支援组）——精确射手、步枪手或机枪手

火力组（C）：

    A 搭档——小组长或分队副领队、步枪手

    B 搭档——步枪手、步枪手或机枪手

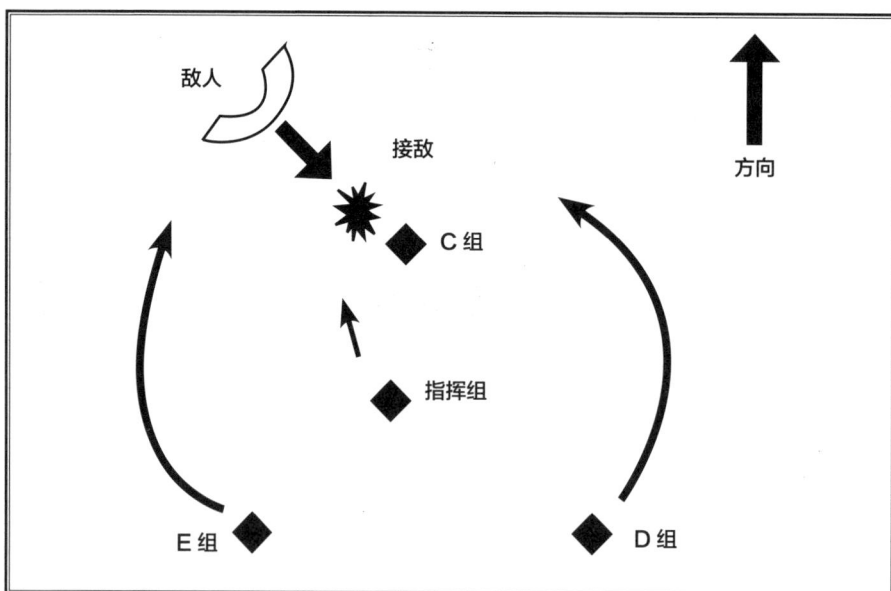

一支"单组突前"的巡逻队的火力组（C）与敌接触。在这个例子中，后续小组都自动"强硬而快速"地向纵深或侧翼前进。这在对付倾向于"打了就跑"的敌人时非常有效，因为这样做既能迫使他们离开射击阵地，又能给己方一个突入纵深并杀死或俘虏敌人的机会。如果敌人想留下来作战，那么这套程序也将产生另一个效果——至少有一个其他的小组可以上前攻击敌人（理想情况下还是从侧翼射击），从而为与敌接触的小组提供支援。

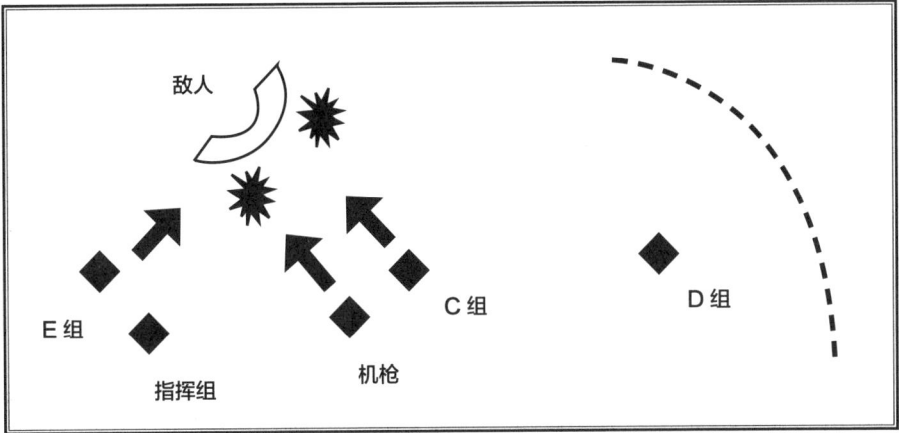

在这个示例中，E 组和 D 组分别从两翼包抄上去。E 组在左翼对敌人发起攻击，D 组负责保护右翼。

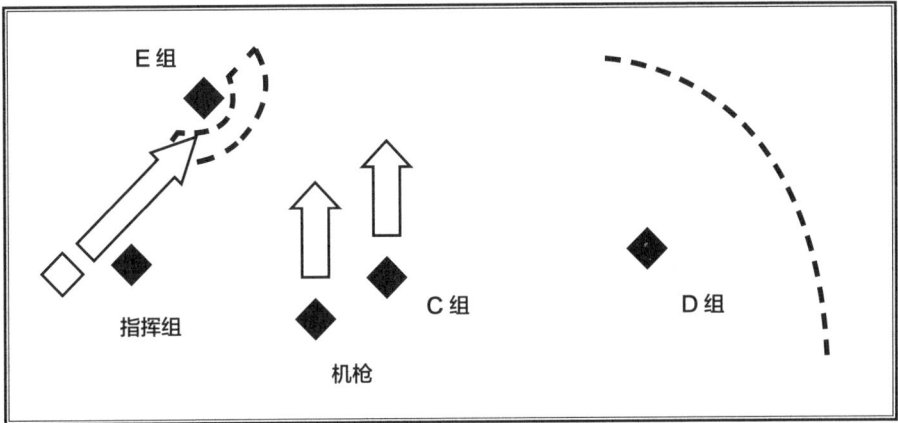

分队领队决定让 E 组从左翼穿过敌人的阵地，C 组负责提供火力支援，并逐渐将火力向右转移。

火力组（D）：

    A 搭档——小组长、步枪手

    B 搭档——步枪手、步枪手或机枪手

火力组（E）：

    A 搭档——小组长、步枪手

    B 搭档——步枪手、步枪手或机枪手

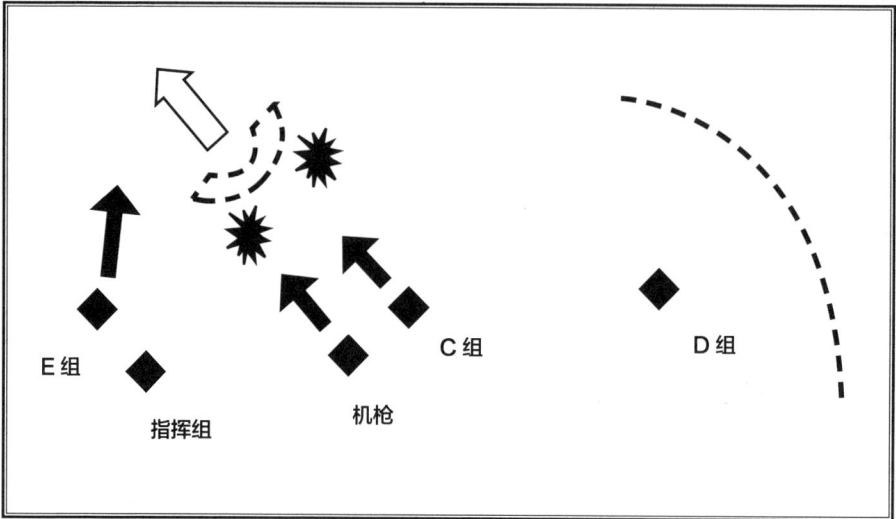

在交叉火力和位于侧翼的一个小组（E 组）施加的压力下，敌人选择了撤退。

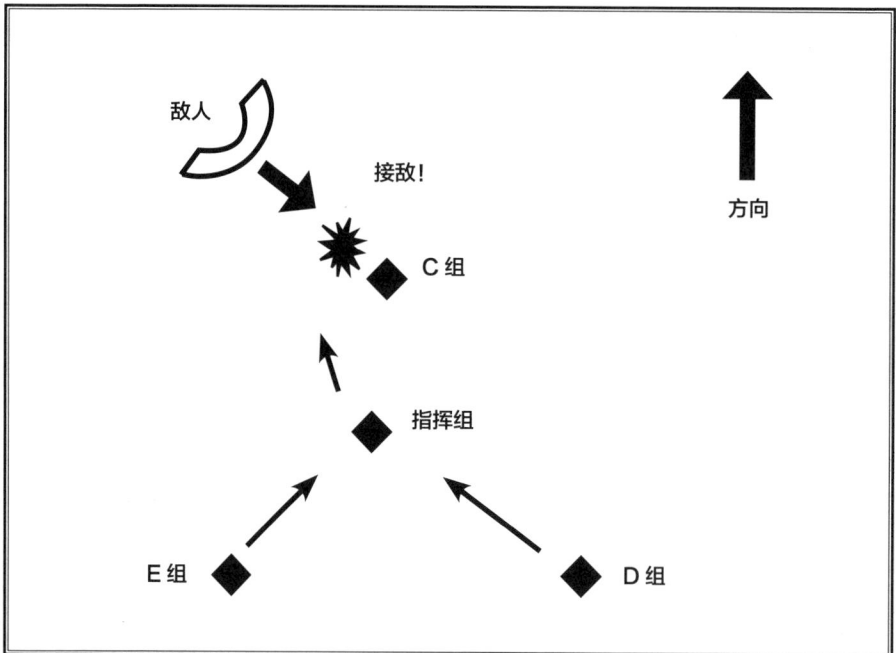

这个示例里，当 C 组遭到敌人的有效的火力打击时，分队领队前出评估局势，而 E 组和 D 组则前进到警戒位置，准备发动攻击。

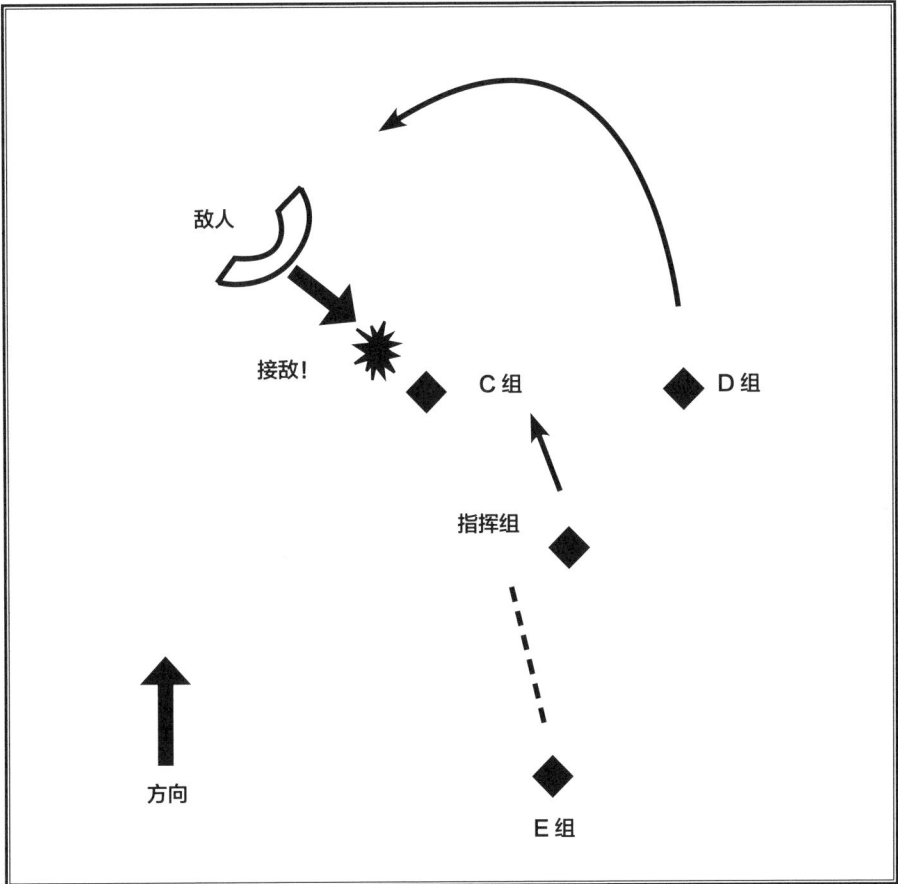

这是一支"双组突前"卫星巡逻队。D 组比较接近交战处，可以在 C 组受到攻击时快速机动，以提供支援。指挥组前出进行评估，E 组前进到警戒位置准备发起突击。

这些标准程序，都有许多不同的"变体"。但无论选择哪种方式，巡逻队都应该充分利用侧翼。而且，无论是突击还是撤退，各小组都要上前支援与敌接触的队伍。一旦开始定位和压制敌人，分队领队就能够进行战斗估算，并在得出评估结果后决定行动方案。该行动方案将涉及各个小组的行动序列，旨在实施射击和机动——要么摆脱敌人，要么进行突击。需要注意的是，其他小规模部队在与敌接触时也可以采用类似的措施。例如，快速反应部队（QRF）在遭到敌方火力打击时，也可以如此应对。

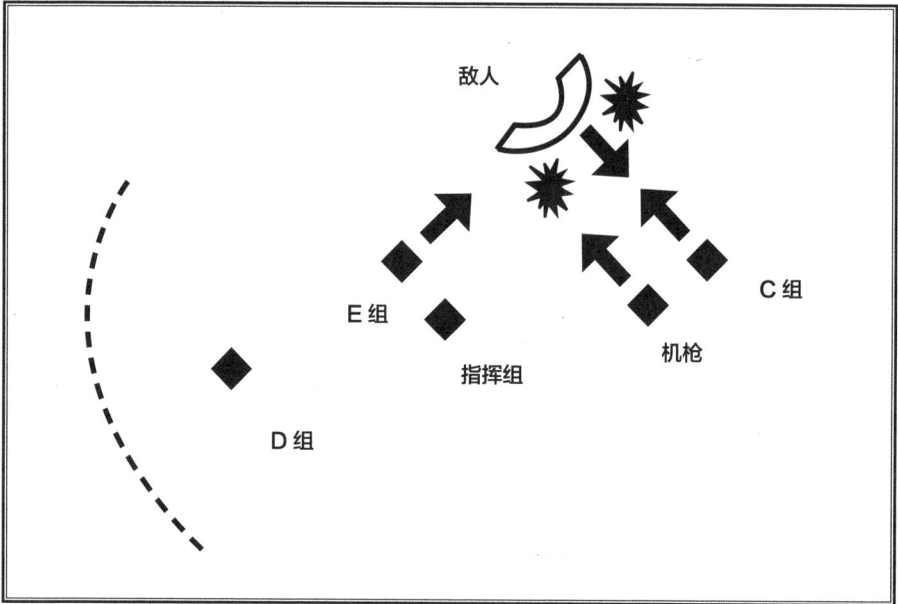

在这个示例中，分队领队部署了机枪，并让 E 组机动到左翼。D 组也作为预备队机动到了左翼，准备在 E 组完成突击后，进行梯次突击。

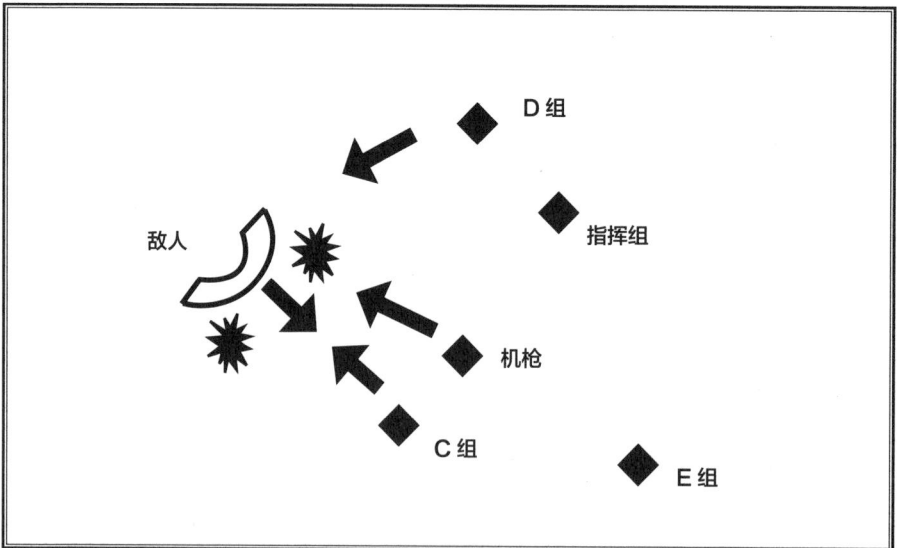

D 组此时在右翼，分队领队已部署机枪为 C 组提供支援，而 E 组作为预备队准备接受任务。分队领队可以命令 D 组发起突击。

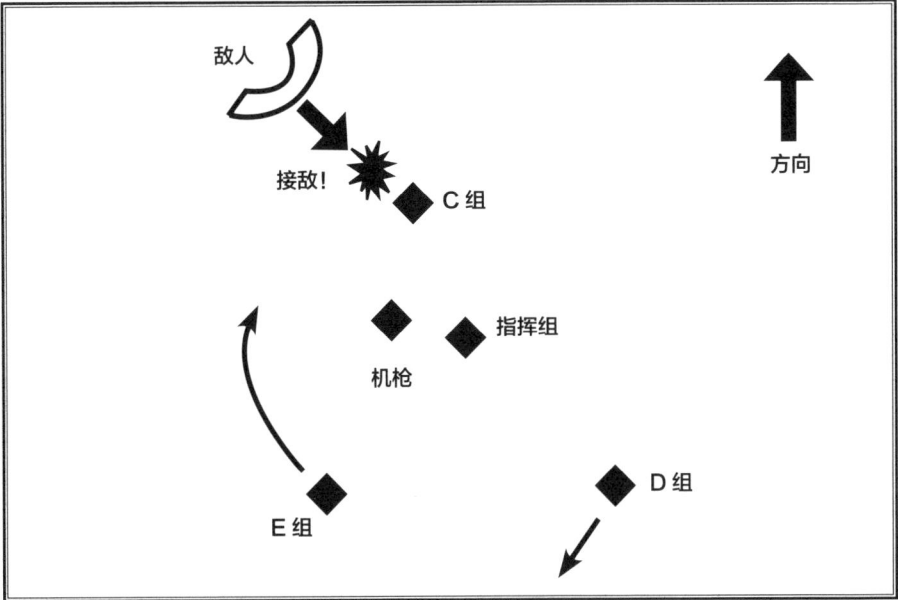

一支"单组突前"的卫星巡逻队，C 组已经与敌接触。C 组开始执行小组脱离接触程序。E 组上前支援，D 组后退以确保会合点的安全。

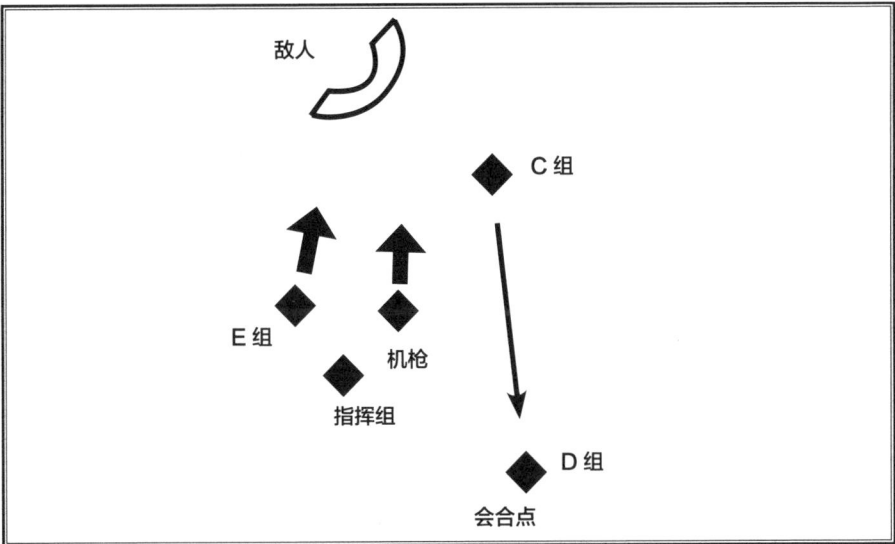

这个示例中，巡逻队已部署了 E 组和机枪提供火力支援，同时分队领队开始进行控制和指挥。C 组继续在其他小组的支援下脱离接触。一旦 C 组摆脱了敌人，其他小组也会脱离接触，回到会合点。

战场行动

所谓的"战场行动"，有一系列标准操作程序（SOP）——指挥官要根据具体情况进行调整和运用。虽然"战场行动"涵盖了许多可以想象到的情况，但切忌生搬硬套，必须根据作战环境加以调整。下面，本手册将对一些战场行动进行简单描述。

1. 停止前进

队伍按指定的阵形（通常是鱼骨队）停下，并进行安全警戒，直到有继续前进或其他的指示（如喝水或吃饭）传达下来。此时，队伍将以搭档的方式活动——一人负责警戒，另一人执行指定的勤务操作。即使是在做勤务操作时，士兵也应该注意外围的动向，而不是面朝内或毫不在意。

2. 穿越障碍

所谓的障碍，既可能是河流或沟壑之类的实际障碍物，也可能是一处易遭受攻击的地点(线形危险区)。不管遇到什么障碍，士兵都需要遵守一些基本原则。

如果必须穿越线形危险区，指挥官或领队必须选择一个能最大程度提供掩护或隐蔽的好地点，以避开敌人的观察和潜在的火力。原则上，在队伍移动时，先头侦察兵需要识别线形危险区，并通过相关手势信号向队尾传递。一旦手势信号传到队尾，整支队伍就要开始执行演练过的程序。首先，由步枪手控制"近岸"，并对线形危险区对面和侧翼进行掩护。然后，一个小组将穿过该危险区并控制"远岸"。一旦此操作完成，主力部队就可以开始穿越该危险区了。

此外，还有一个技巧：让位于队列后方的人先穿越线形危险区，并控制"远岸"。这样一来，当全部人员都机动到对面后，那些人就可以在队尾归队。还有一个选择是，通过以纵队队形机动的方式来实现类似"隧道"的效果（中央扯动）：队伍在障碍前排成两路纵队停下，前面的步枪手负责控制"近岸"。然后，队尾的人员通过两路纵队的中间（隧道）穿越到"远岸"，其余人员再依次前进，机动到先于他们到达"远岸"的人前面。接下来，这支队伍将只留下控制"近岸"步枪手——他们可以穿过危险区，通过"隧道"走到前面。最后，全队继续按原来的行军顺序前进。这方式比较适合规模较小的队伍。对于规模较大的队伍而言，可能需要用一个火力小组来控制"近岸",用另一个火力小组(来自队尾)控制"远岸",然后再让主力穿越危险区。

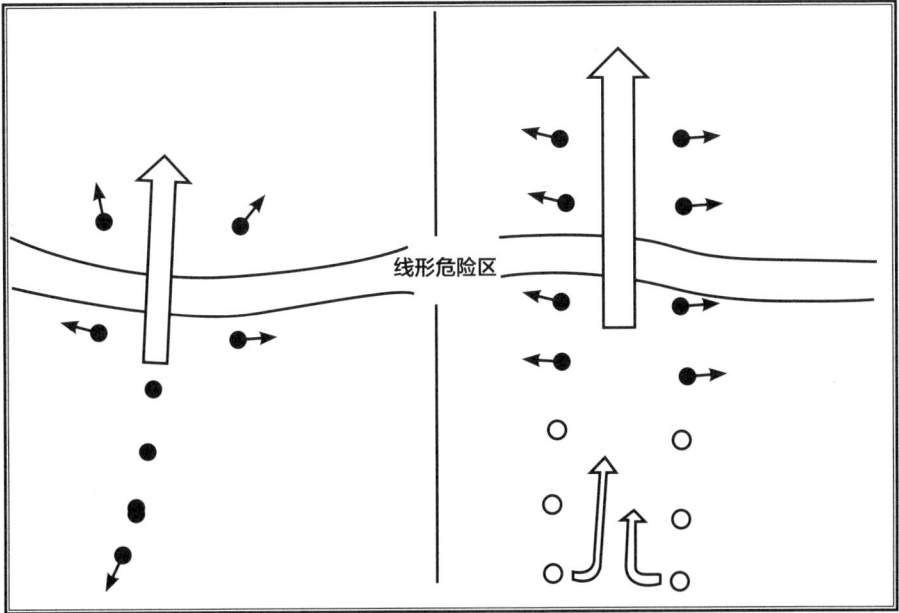

穿越线形危险区的技巧。

3. 迷路或走散

在野外或者不熟悉的地方行进时,经常会有士兵迷路或与大部队走散。因此,我们可以来看看这个很实用的标准操作程序:每经过一个会合点(RV),就将其指定为应急会合点(ERV)。这样一来,如果己方与敌人交战,并走散了,那么全队都可以回到那个应急会合点去。其他类似的程序也很有效,比如有人走散或迷路了,那么大家就在最后一个应急会合点等他15分钟,然后再在前一个应急会合点等他一个小时。

此外,如果队伍在黑暗中走散,可以选择在应急会合点重新整队。士兵和队友走散时,最简单的初步操作是:一旦意识到自己走散了,后方人员就应该在原地坚持等待;先头人员在发现后方人员走散后,应该沿着来路去寻找。考虑到后方人员可能偏离了先头人员的行进路线，在进行这一操作时要设定一个时间限制，过了时限以后，大家就应该返回应急会合点。切记，一定要使用识别信号，以防止自相残杀。

如果发生了全面性的灾难，比如己方遭到伏击，不得不突围，失散的人员就有可能无法回到应急会合点。因此，最好预先指定一个安全避难所或"溃散会合点"——这可以是自己的基地。任何失散的人员，都可以逃回这个地方。

无论是巡逻队，还是单独的个人或小团体，都有可能迷路——有可能是与敌交战后迷路，也有可能仅仅是因为导航出错。迷路与走散是不同的。在走散的情况下，士兵知道自己所处的方位，并且可以通过一连串应急会合点返回。迷路时的操作程序，通常会涉及到使用简单的应急方位角。按照应急方位角的指示前进，士兵可到达一个明显的线形地貌特征处（如道路或河流），然后可利用该地貌特征作为"扶手"，回到溃散会合点。这种方法既可以用于整支迷路的队伍，也可以用于迷路和失散的小组。

4. 先敌发现

所谓"先敌发现"，指的是我方在一个意外的地点发现了敌人，而此时自身的存在尚未暴露。此时，发现敌人的士兵需要采用一个预先准备的指示敌人的手势信号，比如先将大拇指朝下，然后用五指并拢的手势（手刀）指向敌人的方向。此时，我方将拥有主动权，但如何进行后续行动，将取决于自身受领的任务：可以在观察后离开，可以直接攻击，可以隐藏起来，也可以实施仓促伏击。

5. 处置战俘

对战俘的处置方式取决于当前的战术环境，并由交战规则（ROE）和武装冲突法（LOAC）决定。如果有敌人投降并落入我方手中，这就需要注意一些相关事项。如果战俘受了伤，那么他们必须得到医疗护理——在交火中受伤可能就是他们成为战俘的原因。如果敌人在战斗中投降，处置起来就相对麻烦了（特别是如果其他敌人没有投降，或者有大量战俘需要处理时），这可能会影响我方用来完成任务的战斗力。因此，小规模的部队，应该在执行任务前，就在策划中考虑到相关因素，并制定应急计划。

不过，无论如何，都必须控制住战俘，防止他们逃跑或对我方部队造成伤害。此外，他们也是一种情报来源，应将他们转移到可进行审讯的地方。一般来说，有几大对待战俘的要领：

第一，彻底搜查战俘并解除其武装。

第二，要求战俘保持安静。

第三，按性别和军阶将战俘分开。

第四，在保护好战俘的同时，防止其逃跑。

第五，尽快将战俘送到指定的战俘收容点。

第六，给战俘加上标签。标签内容包括俘获日期、俘获地点（网格坐标）、俘获单位和俘获时的特殊情况（比如他是如何被俘获的）。

第七，一旦敌人被我方控制，他们就拥有了"受保护的被俘人员"的身份。

控制和搜查战俘的一个简单方法是：命令他们伸展四肢趴在地上，然后一个人在战友的掩护下，对战俘的躯干、手臂和腿部进行搜查或拍打。完成上述步骤后，可以让战俘将手放在头上，并转为跪姿，或者可以将他们的手固定在背后，并转为跪姿。最后，再对战俘的前胸部分进行搜查。切记，必须将战俘控制起来（通常是使用塑料手铐）。

6. 搜查敌方尸体

搜查敌方尸体，并不是一个简单的事情。因为，士兵并不知道敌人是否已经真的死了。在进行突击时，有一条通用规则：

当你冲上去的时候，始终应该假设敌人还活着。除非敌人投降，否则就应该对突击队前方的敌人阵地进行持续不断的火力打击（在突击穿透期间也要这样做）。你不应该故意把任何活着的敌人留在身后，除非他们被捕俘小组所控制——否则就会导致敌人从你后方发起攻击，这在战术上是极为不明智的。

如果在返回搜索阵地时，士兵发现了受伤或活着的敌人（他们正在投降），那就应该按照对待敌方战俘的相关规定进行处理。如果士兵发现了敌人的尸体，那么可以执行搜索程序。位于显眼处的尸体，既有可能是真的死尸，也有可能是受伤的敌人或装死的敌人，甚至"尸体"下面还可能设有诡雷。一般来说，搜索小组要以双人搭档形式在阵地上移动（警戒跃进），遇到尸体时，两人之间要进行交流，然后再执行相关操作：

一个人移动到尸体的头部位置，实施纵向警戒。另一个人移动到警戒者身边，把自己的武器交给他。然后，搜索者从侧面接近尸体，以免阻挡警戒者的视线。他将取下敌人的武器，并将其放在警戒者附近。然后，他要扑向尸体的躯干部位，并将尸体翻转一定角度，让警戒者可以看到尸体下面。当他扑向尸体时，需要把尸体控制住，以防这只是"装死的敌人"——这个动作应该是迅猛有力的。当警戒者喊出"安全"之类的口令后，搜索者才能把尸体放回地上，并在尸体上搜索情报。一旦完成这个操作，搜索者就可以移动到警戒者身边，收起武器，继续前进。需要注意的是，在某些情况下，士兵可能需要将敌人的武器收集起来集中销毁——这取决于任务命令和标准操作程序。

之所以警戒者要位于尸体的头部，并准备沿其身体实施纵向射击，主要是为了防止装死的敌人攻击接近的搜索者（比如使用暗藏的手枪）。在这种情况下，警戒者可以对着敌人的头部开枪——子弹将沿着敌人的身体纵向飞行，不会伤害到搜索者。

如果当搜索者将敌人的尸体翻转过来时，警戒者看到尸体下面有手榴弹或诡雷，就大喊"手榴弹"或"诡雷"之类的口令。此时，搜索者应让尸体滚回爆炸装置上。然后，两个人都要立即卧倒（脚朝向尸体）。这样做的意义在于，爆炸的冲击力是往上走的，大部分威力都将被敌人的尸体所吸收——搜索小组有望将他们可能承受的任何弹片杀伤降到最低程度。

在某些时候，比如在尸体下面设置诡雷是我方已经充分了解的敌方策略，那么一旦搜索小组确定了他们面对的是一具真正的尸体，而不是一个可能还活着的伤员，就可以采用另一种方法：将绳子绑在尸体上，然后拉动它，以引爆任何爆炸装置。此外，搜索小组还必须小心敌人的阵地、装备和武器，它们也可能被设置了诡雷。

如何应对简易爆炸装置

本手册不会全面介绍简易爆炸装置，仅在此进行一些简单描述。有关简易爆炸装置的经验，大多来自非对称战争。

简易爆炸装置有各种尺寸，而其有效性在很大程度上取决于尺寸、布置方式，以及准确的目标定位。多个简易爆炸装置可以串联起来形成"连环雷"。一般来说，简易爆炸装置可以通过多种方式启动，包括：

指令索——启动点（引爆点）和简易爆炸装置本身（接触点）之间的物理连接。可以借助这种连接发现简易爆炸装置和引爆点。

遥控——遥控器可以是从手机到车库门开关的任何东西。因为不需要与简易爆炸装置进行物理连接，所以增加了发现简易爆炸装置的难度。

简易爆炸装置是多种多样的，比如车载简易爆炸装置、路边的地雷或爆炸成形弹丸（一种有针对性的简易爆炸装置）。其中，爆炸成形弹丸非常危险，它可以击穿许多类型的装甲。爆炸成形弹丸实际上可以被视为"路边地雷"，它利用所谓的"米斯瑙伊-沙尔丁"效应，形成一种高温金属弹头或射流，可以穿透装甲，并在车辆内部造成破坏性影响。"米斯瑙伊-沙尔丁"效应，指的是将炸药放在一个金属锥体或圆盘后面，当引爆炸药时，圆锥体会翻转并形成一个金属弹头——这与标准的反坦克火箭弹利用的"门罗效应"相似。不同的是，反坦克火箭弹是在接触到车辆时被引爆，而爆炸成形弹丸是在路边几米外发生爆炸。在车辆和地堡周围安装格栅等方法，并不能用来对付爆炸成形弹丸。虽然爆炸成形弹丸在穿过装甲车辆的各部分时会降低一定的威力，仍然能够击穿部分装甲车辆。在许多案例中，爆炸成形弹丸都重创了车辆驾驶员和副驾驶的下肢。

最早的爆炸成形弹丸是使用横跨道路的红外线光束来启动的——红外线光束就相当于绊索。当车辆阻断红外线光束时，爆炸成形弹丸就会被引爆。爆炸成形弹丸对车辆的打击点，取决于其放置的方位，以及红外线触发器和爆炸装置本身之间的距离。多个爆炸成形弹丸（爆炸成形弹丸阵列）可以与一个红外线触发器相连，被用于打击一辆车的多处位置。不过，在有的案例中，敌人会将多个爆炸成形弹丸做成"连环雷"，以车队中的多辆车。爆炸成形弹丸必须在解除保险（也就是启动红外线触发器）后才能引爆，否则可能会误伤民用车辆或其他非目标车辆。因此，敌人通常会以遥控方式来解除保险。所以，也可以将爆炸成形弹丸视为一种遥控爆炸装置。

综上所述，指挥官必须制定相关程序，以应对简易爆炸装置的威胁。许多类型的简易爆炸装置需要敌人在场才能启动或部署。因此，在实施巡逻时，可以采用卫星巡逻的方式。假设敌人希望从一个引爆点启动简易爆炸装置，然后逃跑。如果你能让敌人无法确定各个小组的位置，他们就不敢断定自己的逃跑路线是否通畅，很可能就不会启动爆炸装置。

因此，在许多情况下，在实施卫星巡逻的同时，结合避免固定模式或例行公事的原则，就能消除大部分的简易爆炸装置威胁。

此外，在有简易爆炸装置威胁的环境中，还需要修改巡逻程序，将"5米检查"和"25米检查"纳入其中。也就是说，巡逻队停下来之后，不要马上进入射击阵位，而是先让每个成员都进行5米检查——包括通过眼看和手摸等方法来搜查射击阵位周围5米的范围。搜查的目的是寻找任何不应该存在的东西，例如指令索。至于25米检查，则是指巡逻队中的每个人，都要对方圆25米的区域进行检查，包括在周边走一圈。需要注意的是，在进行25米检查时候，相关人员最好带上金属探测器。

在进行"25米检查"时，巡逻队的队员可以先在车辆上通过望远镜进行观察。例如，当己方车辆即将进入位于路边的停车位置时，巡逻队的队员就可以以这种方式进行观察。

在乘坐车辆通过危险地点时，有一种选择是让乘员都下车，跟着车辆步行通过。同时，大家还要在移动中进行搜查。下车人员中，最好有受过金属探测器使用训练的人员。这是"路线检查的点式版本"，即队伍一边前进，一边检查路边是否有简易爆炸装置。在进行这样的操作时，最好是一个小组在道路上走，两个小组在侧翼实施警戒。

请切记，在可能存在简易爆炸装置的环境中与敌人玩"猫鼠游戏"时，适度的偏执都是有用的。在任何时候都要像在敌人的监视下行动一样——因为你很可能就处于这种状态之中！

即时行动程序

士兵的反应将取决于其所执行的任务类型和整体战术态势，即使是一支前往伏击地点的战斗巡逻队，仍然可以在制定计划时纳入"当与敌接触时脱离接触的程序"。一般来说，规模较小的部队总是应该尝试脱离接触，实施敌前撤退。

1. 进攻性程序

这类与敌接触时采取的行动，取决于士兵对自身的任务的认识、部队的规模，还有部队的能力与过去接触过的敌人的能力的对比。

我们以班一级部队为例，来看看小规模部队与敌接触时可采用的进攻性程序。

如果班一级部队遭遇敌人在远处发起的伏击（也就是在手榴弹投掷距离之外发起的伏击），其应对方式与班快速攻击程序相同。班里的一个小组（如果全班的各个小组是拉开战术跃进的间隔进行机动的，那么这个小组通常就是与敌接触的小组）应该赢得火力战，而另一个小组则应进行侧翼攻击。如果班一级部队遭遇敌人发起的近距离伏击（也就是在手榴弹投掷距离以内发起的伏击），那么标准的应对方式是"全班能够与敌交战的所有成员立即发起突击"。如果是在正面或后方轴线上与敌接触，就可能意味着只有先头或殿后的小组能够与敌交战——这时，其他小组应该尽力向侧翼推进，为突击小组提供火力支援或侧翼保护。这种情况下的态势当然不像遭遇远距离伏击时那样理想，只有一个小组可以发起近距离突击（还不能得到战友的火力支援），但如果遭到意料之外的突袭，这可能是唯一的选择。如果可能的话，最好能够将队伍机动到尽可能好的掩体位置，然后留下一个小组作为火力组，让另一个组实施侧翼包抄。如果敌人的攻击来自侧翼，那么可能两个小组都能转过来正面迎敌，然后并肩作战——在一般情况下，如果己方的战斗力强于敌人，那么这可能是一个很实用的战术。此外，遇袭的队伍还应该考虑排成攻击性的散兵线——如果己方士兵的射击技术和其他个人技能更好，这样的队形能够让己方在与敌交战时占据上风。

然而，在应对近距离伏击时，即使立即进行突击，也要先考虑利用掩体，然后再进行移动或突击，而不是尝试边跑边射击。这包括积极执行 RTR 程序，以射击加机动的方式冲向掩体，然后在掩体处射击敌人，尝试赢得火力战，从而将主动权从敌人手中夺回来。当然，有可能敌人的火力太强、人数太多，让己方无法做到这一点，而直接与敌接触的队伍也因伤亡过大而被压制——这时，必须尝试让一个小组机动到侧翼。

如果是以线式队形行进的，规模大于一个班的部队（例如赶往目标会合点的战斗巡逻队），那么还有一种实用的进攻性程序：由与敌接触的士兵（例如先头班的士兵）实施坚决还击，而其他士兵立即转入侧翼攻击，并尝试从侧翼卷击敌人。

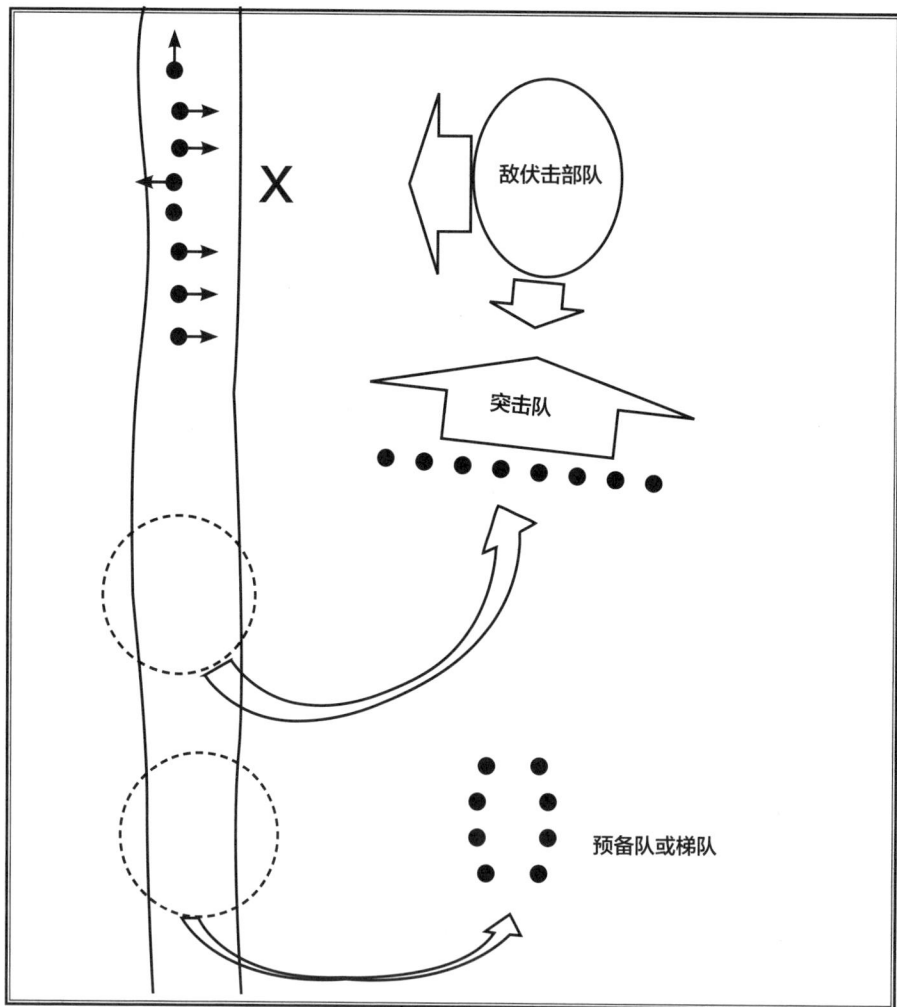

排级规模的部队应对伏击的进攻性程序。请注意，图中并未显示排长和排副的位置。一般来说，排长将动员第二班进行侧翼突击，而排副将和第三班一起留下作为预备队，并准备在突击组突击敌人阵地时，根据需要将这个班交给排长使用。

2. 脱离接触即时行动程序

如果规模较小的部队（例如侦察巡逻队），计划在与敌接触时就立即脱离接触并撤退，那么可以参考下面的做法。脱离接触和撤退的程序，包括通过在行进中射击的方式远离敌人。就标准操作程序而言,这支部队的指挥官需要决定要做什么,以及要向哪个方向机动。

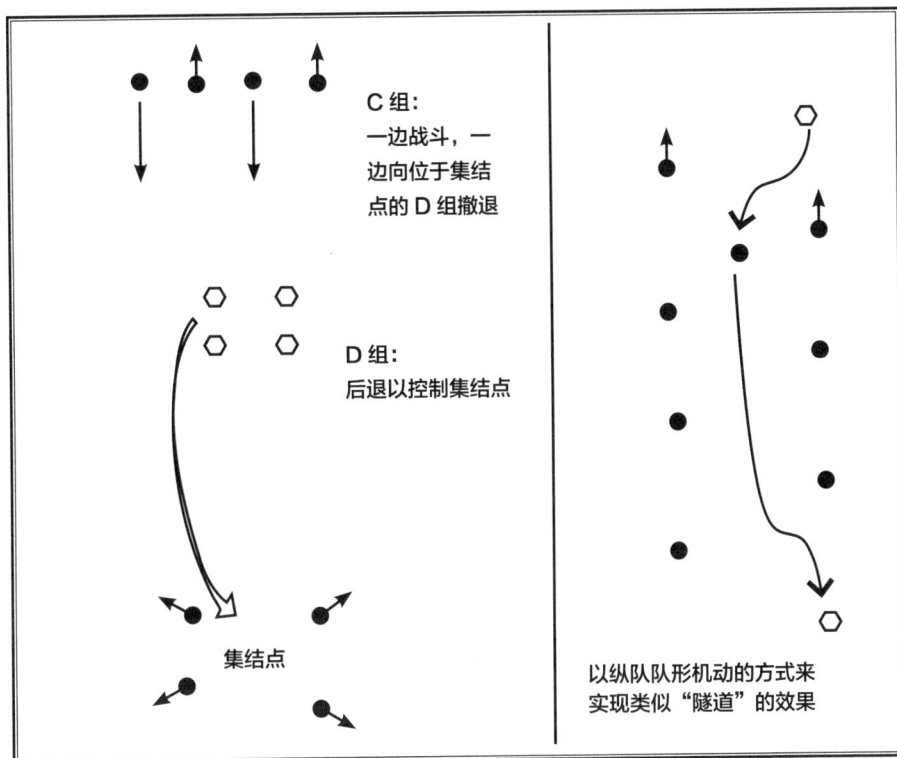

C组：
一边战斗，一
边向位于集结
点的D组撤退

D组：
后退以控制集结点

集结点

以纵队队形机动的方式来
实现类似"隧道"的效果

班正面接敌时的脱离接触程序。

一般来说，指挥官可以命令部队直接脱离接触，或者原路返回。沿着原路返回也许是个好主意，但一定要记住，如果是遭遇伏击，敌人可能已经在外面布置了拦截小组，而己方在进入伏击杀伤区时可能刚刚经过了他们的拦截阵地。直接掉头逃离伏击区，可能只会让自己的部队在敌人的火力下待得更久。如果要脱离接触，一般来说，应该根据与敌接触的方向（比如"正面接敌"、"左侧接敌"、"右侧接敌"

或"后方接敌")来制定相关应对措施。假设我方遭遇敌人伏击的是一个班，而且他们采用的是全队同时机动，或者警戒行进等方式前进。那么，在不同的情况下，应该如何应对呢？

第一种情况，正面接敌。在正面接敌时，先头小组应立即进行还击。同时，先头小组中位于最后面的两名步枪手开始向侧面机动（也就是"转为横队"）。先头小组的两对搭档可以一边射击，一边机动。而位于后方的小组将占据安全阵地，然后开始利用警戒跃进的方式向后机动，以控制一个集结点。另外，也能通过以纵队队形机动的方式来实现类似"隧道"的效果（中央扯动）——使用这种应对措施时，所有的士兵都要向左右两侧移动，以形成一个双纵队或隧道队形。虽然这样做只能让最前面的两个士兵可以与敌人交战，但对于沿着线形地形特征撤退的队伍而言，还是很有用的。此时，位于前方的士兵可对敌人进行还击，然后他们将依次转身通过"隧道"的中央，在另一端回到队列中——让下一个"前线人员"对敌人开火，并持续这一过程，直至到达一个合适的集结点。实际上，这是一种沿两条线进行的扯动技巧（部队在中间机动）。

第二种情况，右侧（或左侧）接敌。在这种情况下，全班将转向威胁的来源方向，并展开横队进行还击（需要注意的是，在有些时候，敌人会从多个方向发起伏击。所以，班长要指定一些步枪手面向相反的方向，以保护队伍后方）。然后，全班将沿着来时的道路向后扯动。如果是右侧接敌，最左端的人要率先移动，在其他士兵的身后跑动，机动到横队的右侧——全班人员将沿着道路逐一持续机动，直至到达一个合适的集结点。

请注意，在班一级的部队中，采用"自由扯动"的方式是合适的。所谓"自由扯动"，就意味着不对扯动过程进行任何控制——第一个人进行扯动后，接下来每个人都要在自己左边或右边的人跑过身边并叫出"最后一个人"（或自己的名字）时开始扯动。不过，如果采用这种方法，有一个危险之处，即扯动的速度可能会太快，从而导致有太多"扯动中"的人在横队后面奔跑，减少了进行还击的人数。当然，可以通过加强训练和提升士兵意识的方式来解决这一问题——虽然某个人可能会被安排为"最后一个人"，但他应该评估当前的情况，并在必要时暂缓机动。在进行扯动时，"警戒跃进"相当于"延长扯动"。这意味着，如果没有再接触敌人，那么当士兵继续沿着线形地形特征扯动时，在到达集合点之前，他每次都应该跑

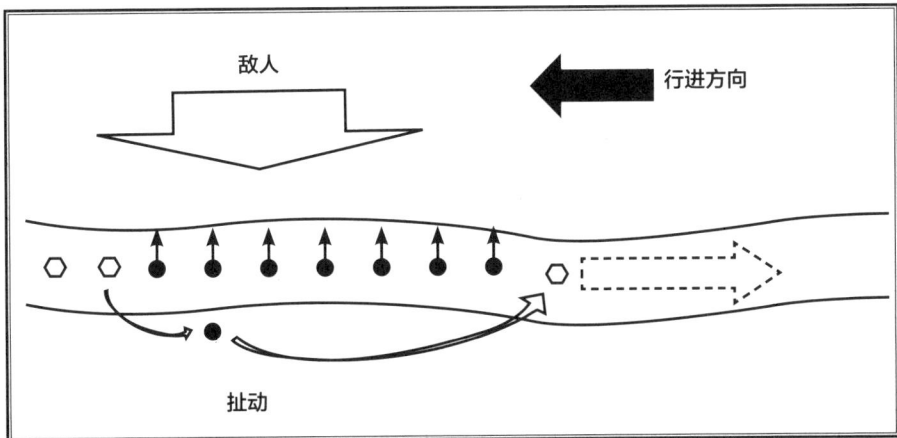

右侧接敌，向右扯动。

得更远一些，以延长扯动距离。

第三种情况，后方接敌。在这种情况下，士兵要做的事和正面接敌类似，只不过他们必须转过身来，面向后方与敌人交战。然后，再继续沿着先前机动的方向脱离接触。

一旦班长觉得已经成功脱离接触，并且到达了一些合适的地点后，他将发出集合的命令。全班将进入集结点，面朝敌人的方向排成横队，并且由班里的部分成员负责警戒后方。班长将对本班的情况进行快速评估，并制定快速计划。

如果敌人还在继续追击，或者己方仍然处于敌人的火力之下，那么班长可下令对敌人进行一定程度的快速射击（仓促伏击），以为己方的后续机动做好准备。然后，全班将继续按照班长的快速战斗命令（QBO）摆脱敌人。一旦真正脱离接触，而且班长认为已经与敌人拉开了足够远的距离，他可以命令士兵停止前进，并控制一处防御阵地。最后，班长可以下令进行休整，并制定后续机动或撤退的计划。

3. 小组脱离接触程序

如果遭遇敌人伏击的不是一个班，而是一个四人小组或六人小组，他们又该如何应对呢？

实际上，被敌人伏击的小组，需要挺过两个"冻结时刻"。第一个"冻结时刻"，是该小组遭到敌人射击时（可能会面对极其猛烈的火力）。此时，小组成员可以采用 RTR 程序，尽快进入掩体。第二个"冻结时刻"，是该小组躲在掩体中时。此时，无论是否有伤亡，都没有人愿意移动。但是，如果大家都待在原地，敌人就会进行有针对性的机动，并发起攻击。因此，小组成员必须执行相应的程序，让自己有机会与敌人脱离接触。

在脱离接触的程序中，有一个不变的原则：除了后方接敌外，你将总是朝着自己的来路冲出去——无论那是一条实际的道路，还是仅仅只是一个方向。这意味着，如果是正面接敌，小组成员将朝自己来时的方向跃进；如果是后方接敌，小组成员应该朝着自己前进的方向跃进；如果是右侧或左侧接敌，小组成员则必须转身面对敌人——不要进行跃进，而是应该进行扯动。实际上，扯动是一种非常快速的机动方式，而且效果非常好。在很多时候，扯动是沿着线形地形特征移动，以及离开敌人杀伤区的绝佳机动方式。

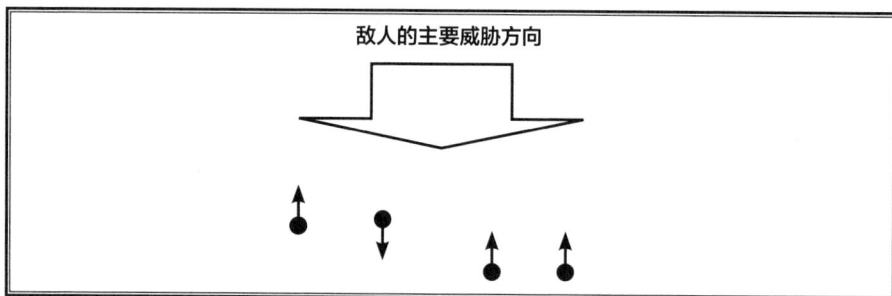

小组集合点：仓促伏击加后方防护。

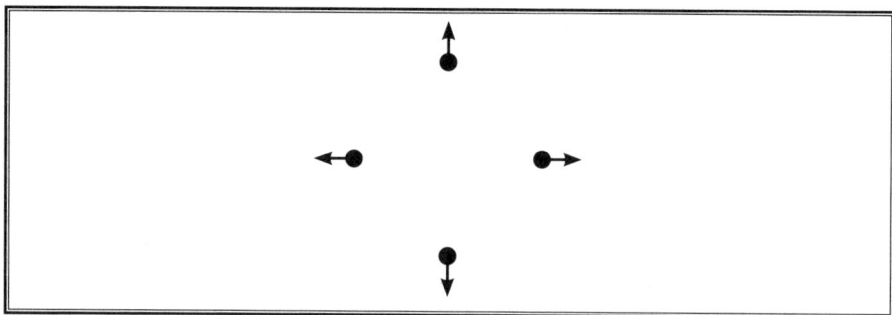

小组集结点：全向防御。

切记，真正的敌人是会机动的，而且他们的增援部队也可能会随时到达。所以，小组成员在脱离接触时，要小心与敌人"迎面相撞"。

在这里，我们必须提及两点。第一点，是且战且退至合适的集结点。无论与敌人的接触是如何开始的，小组成员都要寻找一个合适的集结点。为了成功集结，这个集结点需要有一点天然的掩护——这可以让小组成员得到保护，并有能力建立警戒线。第二点，集结或实施仓促伏击。一旦确定了集结点，组长就要喊出集合口令，以聚拢小组成员。一般来说，在队伍迅速组织起来准备行动的同时，组长还要布置一次仓促伏击。仓促伏击的一个战术选择是——采取简单的全向防御阵形（这是一种基本的战术警戒阵形）。这种阵形的针对性较低，更注重在未知环境中的 360 度全方位防护。

切记，不应该在集结点花太多时间，因为敌人随时可能跟踪而来。而这，也就是要布置仓促伏击的原因——如果有敌人跟进，就要狠狠地打击他们，然后再次开始执行脱离接触的程序，从伏击阵地且战且退。当然，如果敌人的攻势非常凶猛，那就不要在附近集结，而是应该寻找一个合适的突围方式，转移到侧翼，然后继续机动。

在集结点，组长要进行人员检查，看看是否有人受伤。另外，组长不要让所有人在同一时间更换弹夹，而是应该根据需要重新分配弹药。如果有伤员，组长最好立即执行旨在防止快速死亡或伤情恶化的干预措施，然后离开集结点，以后再找时间对伤员进行治疗。

在脱离接触程序中，伤员是一个大问题。以四人小组为例，如果有一个伤员，那么还剩三个人能搬运他。但如果该小组还在与敌人交战，那么这三个人就还需要在搬运伤员的同时继续战斗。如果交火激烈，而且该小组试图脱离接触，那么最好的选择就是让一个人在跃进时负责拖动伤员。请记住，当小组减员到只有三个人时，组长可以放弃以搭档的形式来实施机动，而是一次只让一个人机动。如果可以的话，该小组至少还应该有两个人能继续射击，以掩护第三个人和伤员移动。

如果无法进一步移动伤员，或者需要等待快速反应部队支援，那么该小组可能别无选择，只能寻找一处阵地作为坚固支撑点。这种仓促选择的防御阵地，可以被用作仓促伏击的阵地。这种阵地的生存能力将取决于一些因素，如未受伤的人数、弹药量、敌人的数量和攻击性，以及快速反应部队的支援速度。

4. 接触或伏击

　　小规模的部队在某些情况下可以使用进攻性反伏击程序。虽然通常不建议这样做，但在某些地形（草木茂密的田野）中和在了解敌军的过往表现的情况下，这种选择可能是合适的。如果可能的话，这种程序最好是在班一级的部队中执行，并派遣一个侧翼支援分队。不过，猛烈的射击和训练有素的射击加机动可以让己方的散兵线击穿训练水平不佳的敌军布置的防御阵形。如果己方在敌人最初的射击下出现伤亡，请务必让伤员先进行自救，直到己方散兵线完成突击穿透为止，否则分兵去救助伤员就会削弱突击的威力。

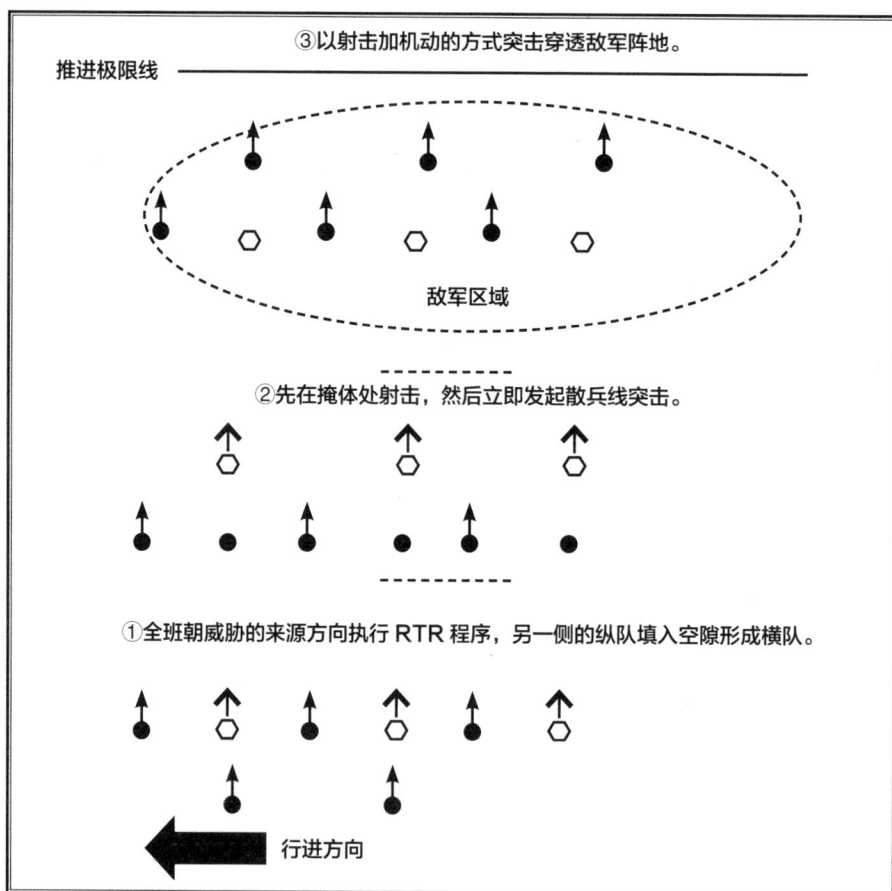

③以射击加机动的方式突击穿透敌军阵地。

推进极限线

敌军区域

②先在掩体处射击，然后立即发起散兵线突击。

①全班朝威胁的来源方向执行 RTR 程序，另一侧的纵队填入空隙形成横队。

行进方向

这张示意图描述了散兵线突击的各个阶段。

一旦己方队列按RTR程序作出反应并排成横队，就必须用快速射击和（或）掩体射击技术迅速赢得火力战。然后，就可以发起突击了。突击可以采取散兵线突击的形式，以搭档为单位，保持整体横队机动。如果距离敌人很近，也可以选择直接执行突击穿透程序，全队边行进边射击，穿过敌人的阵地。考虑到敌人很可能已躲在掩体中，并已向己方开火，最好不要在行进中转向并直接发起突击穿透。在大多数情况下，明智的做法是执行积极的RTR程序，即在前往掩体的路上转向并射击，然后从掩体位置进行"疯狂一分钟"的掩体射击，最后再发起突击。

巡逻基地

如果作为一支独立的巡逻队在主基地之外开展行动，而且在外行动的时间超过一个夜晚，那么这支队伍需要建立巡逻基地来进行休息、管理，以及执行相关的任务。该巡逻队最好在白天进入巡逻基地。

在某些情况下，最好先在一个地点做饭并用餐，然后继续前进，在另一地点建立基地。如果某支巡逻队打算在一个巡逻基地待上几天，那么就不可能做到这一点；如果某支巡逻队在丛林、灌木丛或树木茂盛的地形中机动，并希望吃一顿晚饭，然后转移到一个地方过夜，就可以使用这种方法。

这里应该指出的是，无论是执行什么战术行动，都不能使用木头火堆，特别是在晚上。另外，如果有用于加热口粮的固体燃料或燃料炉，那么应该在挖出的地坑中使用，并且只能在白天使用。在离敌人很近的情况下，士兵甚至不能做饭。

不过，严格说来，小规模的部队（比如一支小队）是无法建立真正的巡逻基地的，只能进入休憩地或藏身处过夜。需要注意的是，即使是进入小型的休憩地，士兵仍需要布置仓促伏击阵地——小队成员将在伏击阵地停留至确信没有人跟踪他们为止。然后，全队都要从仓促伏击阵地转移——因为没有足够的人来进行侦察。一般来说，可以由警卫小组和传令员回来接应其余人员。谨慎的做法是，从仓促伏击阵地转移出来以后，小队成员应该建立一个临时基地，在那里做饭和用餐。然后，这支小队就可以向过夜的休憩地进发了。

四人小队或两人小队能够摆出的阵形将十分有限，而且在一定程度上取决于地形——要尽可能进行全方位防御，并考虑进入阵地的可能路线。对于一支小规模的部队来说，为了追求最大的隐蔽性，其成员很可能要挤进一些掩蔽物或植被深处。这时，必须谨慎行事，例如，进入一个只有一条进出通道的隐蔽区域并不是一个好主意——如果敌人跟着你到达入口或偶然发现入口，你将无处可逃。

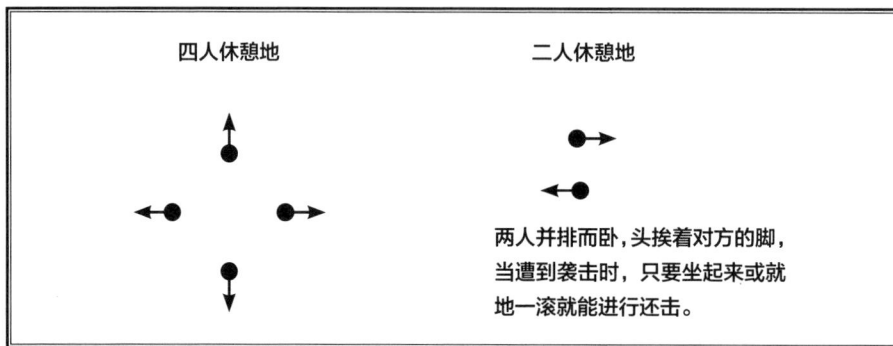

四人休憩地　　　　　　　　　二人休憩地

两人并排而卧，头挨着对方的脚，当遭到袭击时，只要坐起来或就地一滚就能进行还击。

四人小队或两人小队的休憩地阵形。

对于小规模的部队而言，在需要休息时布置岗哨可能是一个问题。在四人小队中，哨兵的比例可以保持在 25% 左右，即轮流让队伍中的一人值班。考虑到战时环境，哨兵可能没有必要移动到一个实际的哨位上，他只要坐起来，保持警惕即可。在最普通的情况下，小队成员只要在一棵树周围靠着背包坐几个小时就行了。至于两人小队，其成员主要依靠隐蔽和茂密的植被来寻求安全。

战术车辆机动

在道路上驾驶车辆时，士兵应该考虑的一些危险来源包括：非法的交通管制点、有人看守的路障、无人看守的路障、简易爆炸装置、暴徒……

1. 车辆机动的一般注意事项

在驾驶车辆时，可以结合受领的任务、所使用的车辆类型，以及可能面临的威胁，来决定行动方式——大张旗鼓地行动，还是低调或隐秘地行动。如果是低调行动的，那就应该以能够舒适地坐在车里，而又不太显眼的方式穿戴弹药携行装备——比如可以在带弹夹袋的背心外面套一件衬衫，把武器放在手可以够到的低处。

如果驾驶或乘坐的是装甲车，那么士兵能够在敌方火力杀伤区停留更长时间，并可以采取积极的应对措施。但如果乘坐或驾驶的是无装甲车辆，那么尽量不要留在杀伤区。无装甲的车辆不会给士兵带来任何保护——普通车辆上唯一的"硬化"区域是发动机和车轮的金属部分。

在车辆机动的过程中，司机的工作是开车，车辆是他的主要"武器"和保证大家安全的"手段"。在执行任务之前，司机要花时间规划路线。如果要进行较长时间的停留（比如过夜），司机一定要将车辆隐藏在道路之外。

2. 车辆机动基础知识

在实施机动时，车辆一定要在选定的道路上以缓慢而稳定的速度前进，以观察道路周围的情况。放慢速度，将使车辆不至于在转弯时被敌人打个措手不及。如果有必要的话，司机可以停车观察前面的路线——哪怕这意味着要下车，并走到一个观察点上。请切记一个主要原则：避开危险。

此外，在出发之前，司机必须用结实的绳索把车内所有松散的装备捆绑在坚固的地方。这样一来，在发生碰撞或翻车的情况下，车内人员就不会因为这些装备四处横飞而受伤。

如果指挥官认为自己正在接近一个危险点（例如潜在的伏击地点），而他又不能走另一条路线，那么他可以使用一个战术：利用车辆进行交替警戒跃进——必须有不止一辆车才能做到这一点，最好是有三辆车。利用车辆交替进行"战术跃进"——跃进距离取决于地面情况，必须确保当一辆车遭到有效火力压制时，其他车辆不会被同一火力压制。如果必须通过一个脆弱点（VP），那么指挥官可以考虑派一辆车在其他车辆掩护下通过此地（甚至可以让士兵下车步行通过）。或者，指挥官可以派几个人下车，让他们拉开散兵线，通过警戒跃进方式推进。如果发现敌人，他们就应该立即执行脱离接触程序，并通过射击加机动的方式回到主力部队附近，然后所有人上车离开。

一般来说，利用车辆来实施警戒跃进的程序如下：

第一步，确定脆弱点，也就是潜在的伏击地点。然后，将消息传达给车队。
第二步，尽可能地观察该地点，以发现任何暗藏在那里的敌人。

第三步，开路车停止移动，负责提供火力支援——乘员下车（司机除外），进入合适的射击阵地。

第四步，其他车辆留在后面，保持战术跃进距离，由坐在副驾驶座上的步枪手提供保护。

第五步，殿后车通过脆弱点，并机动到脆弱点以外的适当位置，以警戒前方和后方的脆弱点。此时，开路车和殿后车都监视着脆弱点附近，并有可能从脆弱点的两侧提供火力支援。

第六步，其他车辆迅速通过脆弱点。

第七步，开路车重新回到领头的位置，车队继续前进。

当车队遭遇敌人伏击时，最关键的是"尽快离开杀伤区"。如果车队没能避开伏击，而且是在道路上没有障碍物的情况下遭到伏击，那么应该尽量加速通过。如果可能的话，士兵可以从车上进行还击。如果通往前方的道路被封堵，在既没有岔路可走，也无法掉头的情况下，那么车队就只能倒车离开。当然，如果堵住道路的是一辆轻型车辆，车队也许可以强行通过：减速接近拦路的车辆，然后在最后一刻加大油门，将拦路的车辆顶出去（注意不是撞开）——切记，要顶在拦路的车辆的一角，以便将其推到路边。

如果车辆在杀伤区失去机动能力，那么指挥官有两个选择。第一个选择是，派一辆救援车回来，接走车上的乘员。如果车队里没有装甲车，那么这是一个高风险的行为。在有装甲车提供近距离保护时，换车是更可行的选择，因为救援车能够机动到无法动弹的车辆的背弹侧（没有遭到射击的那一侧）。当然，最好是有第三辆车可以在这期间提供火力支援。第二个选择是，车队先快速通过伏击区，然后再让乘员下车，并占据火力支援阵地，而失去机动能力的车辆上的乘员在下车之后，应通过射击加机动的方式与战友会合。

3. 反伏击程序

车载人员在执行反伏击程序时，要考虑很多因素，包括伤亡人员、通信和换乘情况。一般来说，哪怕是最流畅的脱离接触程序，也会因伤员的治疗和移动而受到严重妨碍。因此，指挥官必须制定一个处理伤员的计划。而且，在执行任务之前，指挥官必须让下属熟悉换乘流程，包括如何快速将人员、伤员和装备从失去行动能力的车辆中快速转移到救援（撤离）车辆上。

本手册将简单介绍一些当车队遭遇伏击时的应对措施。

在道路被堵时，虽然敌方的火力可能来自任何方向，但正面的道路被封堵，原因不外乎是有路障、敌人兵力太强，或者上述两者兼而有之。在这种情况下，车队应从来路突围，并视情况进行回击。此时，所有的车辆都要倒车，直到脱离接触或殿后的车辆找到一个可以掉头的地方为止。如果车辆要掉头，最好方法是做一个"K字转弯"（如果道路足够宽，完成这种操作很简单），或者进入一个合适的转弯点。车辆是否能掉头，取决于道路的宽度和道路两侧是否有堤岸或悬崖。值得注意的是，如果车队里的车辆是装甲车，那么可以选择一直倒车，直到脱离接触或挡风玻璃的完整性被破坏为止。

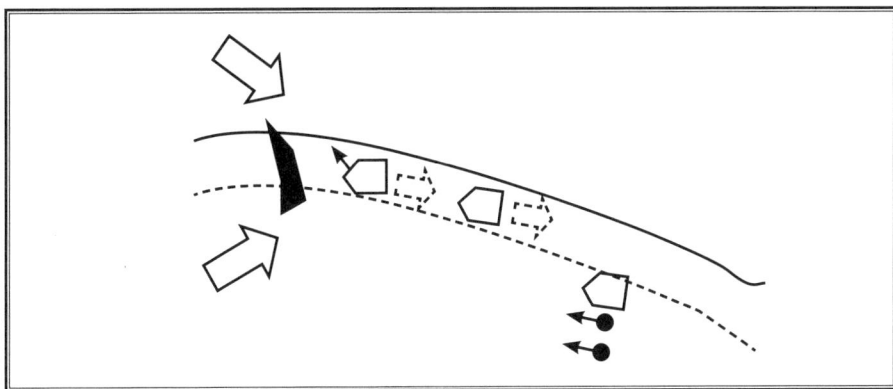

道路被堵——倒车。

如果在被伏击的过程中，车队中的某辆车在交火中受到损伤，并在杀伤区内失去机动能力，可视情况选择应对措施。最理想的情况是受损的车辆采用了防爆轮胎，即使轮胎被子弹打穿，它也可以继续移动。在这种情况下，如果这辆车能够离开杀伤区，最好让车队在杀伤区外一个更安全的地方集合，而不是在停在可能遭到复杂伏击的地方。如果受损的车辆不能移动，则可以让它后面的一辆车来担任救援车。在某些比较危险的情况下（比如，后方的车辆失去机动能力，让前方的车辆无法倒车脱离接触），指挥官可以让失去机动能力的车辆中的乘员在火力掩护下突围。如果失去机动能力的车辆中搭载的是非战斗人员，那么指挥官就必须派出救援车，进行换乘操作。

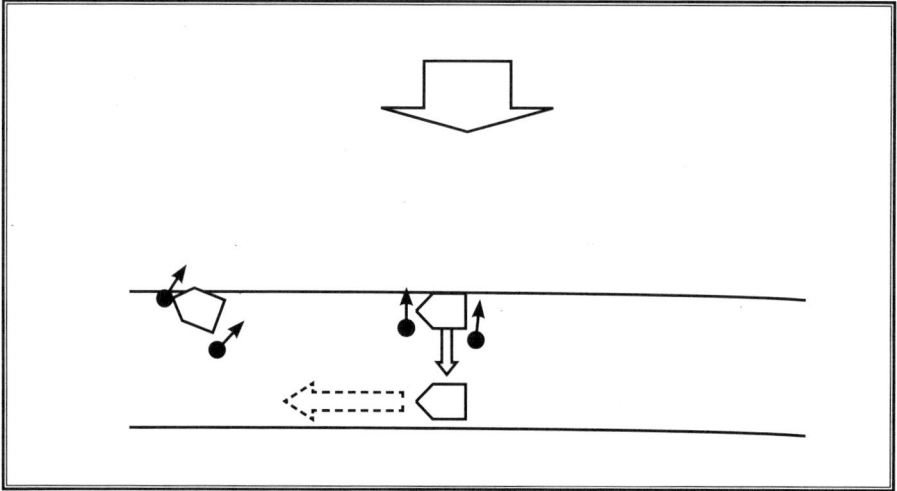

车辆失去机动能力——换乘。

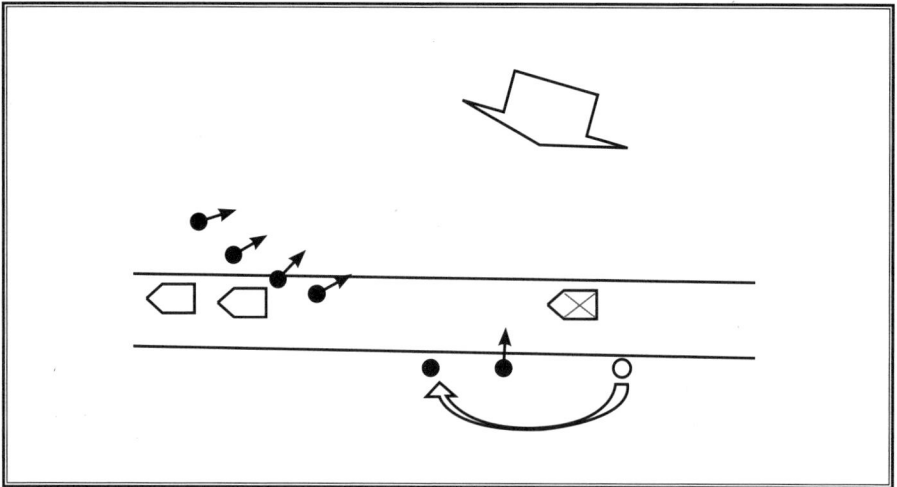

车辆失去机动能力——射击加机动。

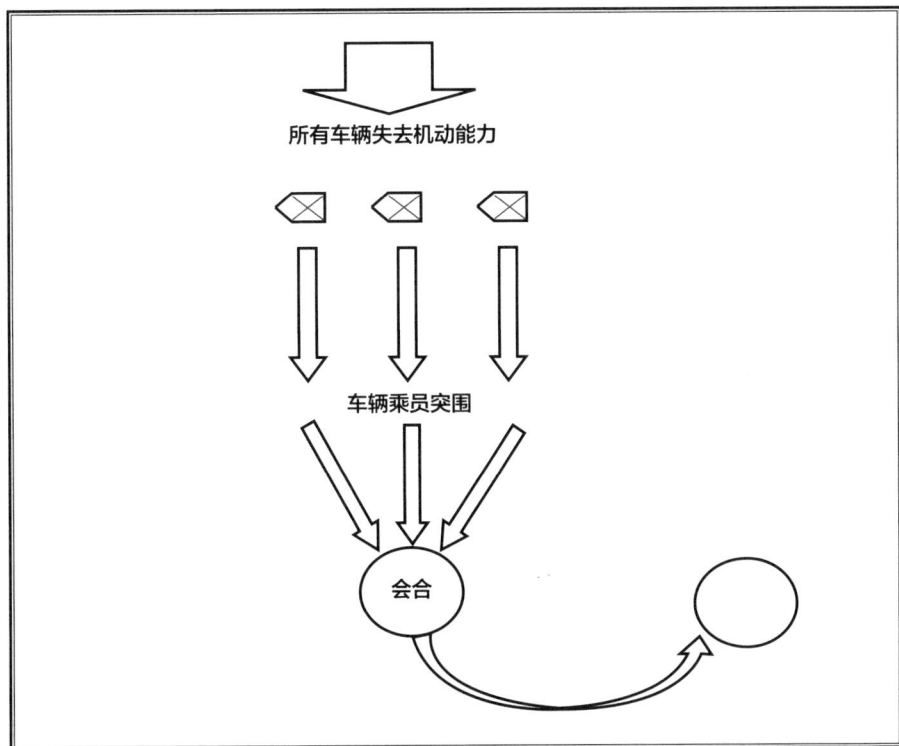

所有的车辆失去机动能力。

此外，还有一种非常危险的情况——车队中的所有车辆都失去了机动能力（也许并非所有车辆都无法动弹，但它们全都被困在了杀伤区里）。这时，就需要全员下车，然后通过射击加机动的方式撤离杀伤区。切记，在撤离之前指挥官或领队一定要指明机动方向，比如告诉大家"在左侧 200 米会合"或"在后方 300 米会合"。必要时，车队成员还可以投掷烟幕弹。需要注意的是，如果有伤员，只能对他实施火线救护。当全体人员撤退到紧急会和点之后，指挥官必须立即做好安全防护工作，并制定快速计划以便实施后续的机动或作战。

防御作战

常言道，处处设防等于处处不设防。因此，在进行防御作战时，一定要牢记防御原则：要有进攻行动（旨在夺取或夺回主动权）；要全方位防御，对来自任何方向的威胁都预有准备；要有纵深，以防止敌人实施渗透；要相互支援，以增加防御的强度和灵活性；要进行隐蔽和欺骗，使敌人无法获得情报优势；要维持一支预备队；要注意行政管理。

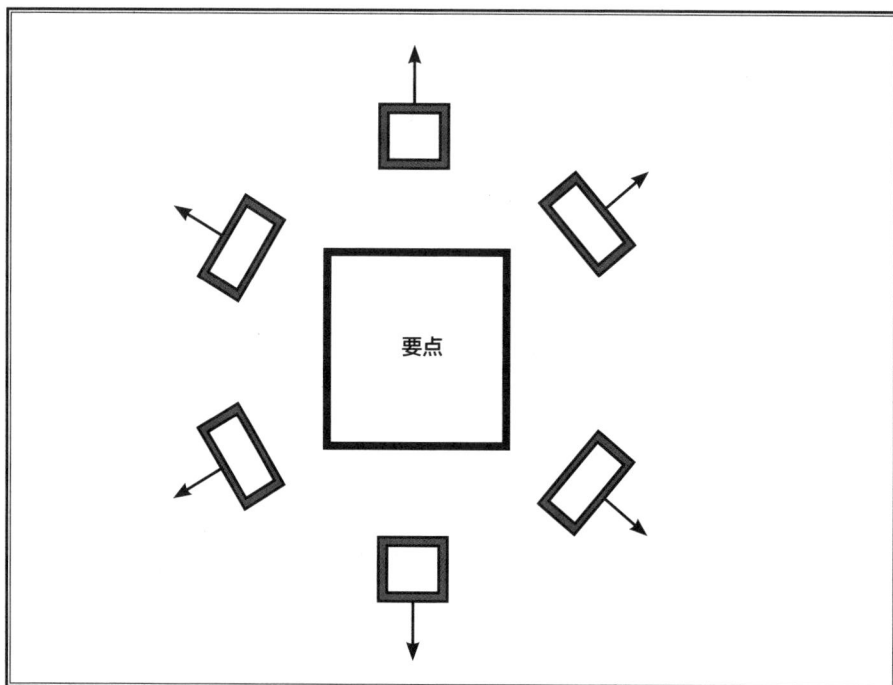

全方位防御。

人们常说，"最好的防御形式是进攻"。这句话颇有道理。哪怕是在进行防御作战，士兵也应该保持"进攻性心态"。也就是说，他们不仅要主动采取措施积极防御，还要在可能的情况下对敌人进行反击以夺取主动权。此外，防守方不能仅仅对一个方向进行防御，而是应该让自己的防线能覆盖所有的接近路线。假设某支部队要防守一个要点，那么周围的战壕或地堡系统就要360度环绕该要点。如果兵力有限，无法实施全方位防御，那么防守方也至少应该确保进行全方位观察。

纵深的意义在于，如果敌人突破了外围的防线，可以确保防守方在纵深有其他防御措施来阻止他们。看一下上面的全方位防御的图片，在中央防御点周围环绕着战壕或掩体。那么为了让防御有纵深，防守方就不应该只部署一圈外围阵地，还应该部署一些交错分布的内侧阵地。这样一来，万一外围阵地被敌人突破，他们也不能自由前进，仍然需要突破更多的阵地。此外，防守方还要考虑在纵深布置后撤阵地——万一前沿阵地被攻克，己方也可以后撤，而且有机会利用纵深的杀伤区来抵御突破前沿的敌人。在某些时候，纵深就意味着"制造与敌人对峙的距离和射界"。待在一座建筑物内部是不可能真正保卫它的——这种情况下守军是静态的，而敌人可以针对守军进行机动。相反，如果防守方有开展区域控制活动（GDA）的巡逻队、监视和观察哨、检查点和外部战斗阵地，那么它们就为建筑物本身"制造了对峙距离和纵深"。如果防守方的最外层防御就是建筑物的墙壁，那么他们就只能从窗口处获得射界。一旦敌人突破墙壁，防守方就只能通过在建筑物内部的反击来创造纵深了——虽然这也是一种战术，但不如让敌人远离建筑好。

相互支援的原则很好理解，即战斗阵地能够通过火力相互支援。这意味着一个阵地中的守军在面对敌人的进攻时不是单打独斗，其他阵地里的战友也可以向攻击该阵地的敌人开火，反之亦然。这其中隐含的意义是，防守方需要适当数量的士兵来占领相互支援的战斗阵地，并与纵深防御的要求相结合。在这里，我们简单介绍两种类型的相互支援的射界。

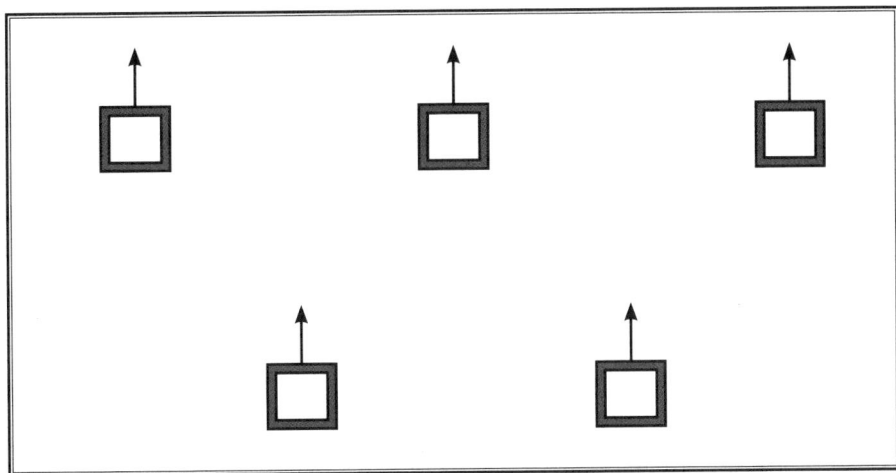

纵深。

149

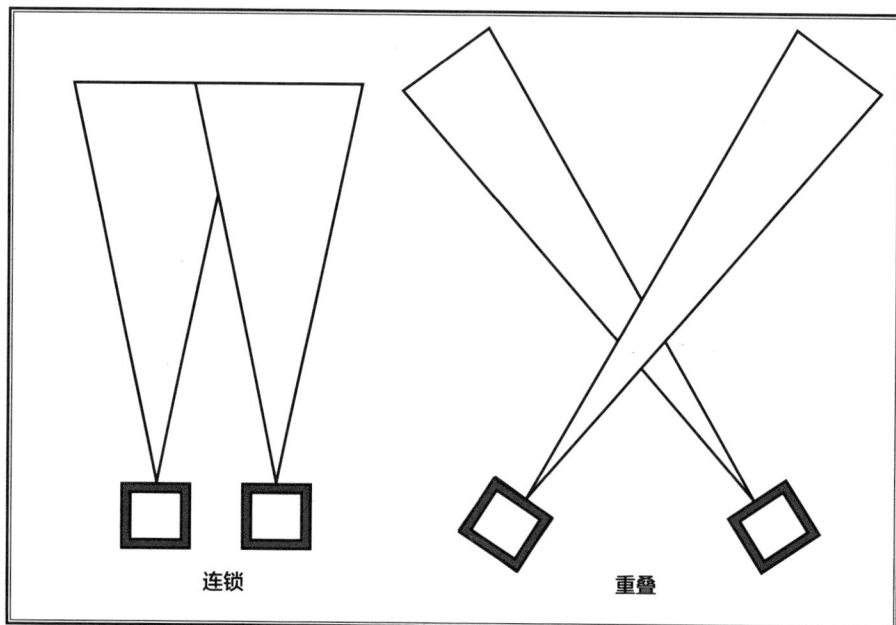

连锁和重叠的火力扇面示意图。

第一种，重叠：这是指射界完全交叉，一个阵地可以射击另一个阵地的前方。

第二种，连锁：这是指射界的边缘相连，射界之间没有空隙，但某些区域只有一个阵地能够实施火力覆盖。

在理想情况下，机枪之类的支援武器系统应该有重叠的火力扇面，而各个步枪手可能会被分配到连锁的火力扇面。

隐蔽和欺骗的原则也很好理解。不过，在某些时候，比如防守方所在的据点防御坚固，那么他们可能并不想把这个据点完全隐藏起来，反而想"把展示实力作为防御策略的一部分"。但即便如此，防守方也应该隐蔽自己的阵地，使敌人无法摸清己方的具体防御计划。

在大多数情况下，防守方都要考虑己方的掩护和隐蔽性。如果防守方担心潜伏的狙击手威胁自己的阵地，可能还要考虑一下视野屏障。掩体可以为防守方抵挡敌人的火力攻击，但他们可能想把它与隐蔽计划结合起来。利用自然植被可以提供隐蔽性，但防守方也可以在适当位置架设由布或伪装网等物品做成的视野屏障，使得在阵地周围行走的部队不容易被观察者或狙击手看到。

很多真实战例都告诉我们，对于防守方而言，拥有一支预备队是至关重要的。纯粹从理论上讲，防守方不能给预备队分配任何其他任务。不过，实际上预备队很可能是防守方的快速反应部队（QRF）。然而，一旦防守方部署了快速反应部队，他们就需要建立另一支预备队。从纯粹的防御角度来看，当阵地有被攻破的危险时，预备队将是防守方唯一可用来应对的力量。

防守方可以部署预备队来堵塞防御的缺口。然而，除非是绝对必要，否则将预备队投入防御作战要慎之又慎，因为指挥官可能再也无法把预备队撤回来。理想的做法是，让预备队扮演"救火队"之类的角色。防守方的指挥官要注意敌人的佯攻和示威，其目的可能是吸引你的注意力，让你把所有兵力都部署到防御圈的一侧，然后敌人的主力就会从另一侧发起攻击。

在实施防御作战时，行政管理也是一个关键因素。在维护己方的防线时，防守方的指挥官需要考虑人员、设备和场地等因素。因此，防守方必须维持一个行政管理系统，以使防御阵地能够正常运转。

1. 静态防御

静态防御也叫"点防御"或"要点防御"，指的是针对一个要点实时防御。此外，防守方的防御措施位于该要点周围的静态战斗阵地——例如，保卫某个至关重要的地点（主要基地或据点）。请记住，如果防守方决定把阵地隐蔽起来，其可能会因此不能占领实际的关键要地或附近的关键地形。例如，防守方隐蔽在一个山坳里，旁边有一座山丘或高地可以俯瞰其藏身处。在这种情况下，那座山丘就成了关键地形，防守方需要制定一个守卫山丘的静态防御计划，比如在山顶建立监视与观察阵地或战斗阵地。

海拔高度确实能为防守方提供明显的优势，它将逼迫敌人向上仰攻，而防守方将有居高临下倾泻火力的优势。不过，防守方应该谨慎考虑如何占领高地。比如，防守方待在敞开的战壕或线形掩体里面，从进攻者的角度来看，守军士兵的头部轮廓就会被天空映衬出来。此时，防守方的指挥官就应该考虑将阵地从山顶前移，或者让士兵待在有顶盖和背景的掩体中。

此外，如果你是一名士兵，正待在建筑物的窗口后面。那么，你需要后退一段距离，千万不要把自己的武器伸到窗外。而且，你应该用窗帘或麻布条之类的物体遮住窗户，在确保自己可以看到窗外并射击的前提下，减少照进房间里的光线，降低房间内的能见度。记住，你需要坚实的掩护，而标准的墙壁是无法提供这种掩护的，所以要在房间内部距窗户一定距离处构筑有坚固防护的射击阵地。

2. 机动防御

机动防御也叫"区域防御"，是指针对某个区域进行的防御。要保卫这个区域，防守方不能简单地布置大量的静态阵地。因为防守方可能没有足够的兵力去把守它们，所以"处处设防等于处处不设防"。机动防御的理念是在己方的咽喉要地周围建立有限数量的静态防御阵地，然后利用机动资源进行防守。

这种防御方式需要有能够发现威胁并启动应对决策的手段，例如监视与观察阵地。这种监视与观察阵地的位置要能够监视通往己方主阵地的路线，并能够俯瞰指定关注区（NAI）。这些指定关注区对于接近的敌军来说是决策点，对于防守方的机动防御部队来说也是决策点。

一旦监视与观察阵地报告说敌人正在通过某个决策点接近主阵地，那么机动部队就会立即被"激活"，前往目标关注区（TAI）并建立一个阻击阵地。这个阻击阵地通常应该被布置成某种伏击阵地，而且防守方事先要对该地做好侦察和准备，以便能够迅速占领并等待敌人。

这种防御形式的关键是通过配备监视和通信设备、位置良好且隐蔽的监视与观察阵地来监视敌人可能的接近，以及确保必要的对峙距离，以便防守方部署机动部队来占领被激活的目标关注区。

3. 静态防御加机动防御

在有些情况下，防守方会采用静态防御与机动防御相结合的"铁砧加铁锤"战术。"铁砧"就是实施静态防御的地点，"铁锤"则是一个机动分队（比如快速反应部队）。防守方要让这个机动分队"充满进攻性"，最好是在敌人与静态防御地点的守军交战时，用来攻击其侧翼或后方。

这种防御理念旨在保持进攻精神，争取重新获得主动权，并利用战术上的突然性，使敌人失去平衡，迫使他们逃跑或中断进攻。如果防守方注重造成敌人伤亡，那么逃跑中的敌人是最脆弱的。此时如果防守方发起追击，将能够给敌人造成相当大的损失。

4. 建成区的防御作战

请记住，许多现代住房的构造是比较脆弱的，这些房屋在高速飞行的子弹面前起不到硬掩体的作用。因此，防守方要考虑墙壁的结构，弄清它们是否坚固。如果防守方在城市环境中防守一个坚固支撑点，那么其需要考虑建立一个对峙区——一个可用区域控制巡逻队和外围防御阵地加以控制的影响区。防守方必须决定将坚固支撑点设在哪里，并对其采取相应的防御措施。

在城市环境中，任何街道和开阔地都将成为武器系统的杀伤区。如果防守方在防守坚固支撑点，就要仔细选择自己的射击阵地和武器，使其能覆盖该坚固支撑点周围的路线和开阔地。为了建立一个外围的影响区，防守方要把监视与观察阵地外推到周围的街道上，以便得到早期预警。通过这样的措施，再结合为进行城市伏击而设置的阵地，防守方可以获得较大的优势。

在防守坚固支撑点周围的区域时，不要考虑在街道上机动。防守方应该通过其他区域实施机动，并建立有掩护的路线，这种隐蔽路线包括后院和下水道。这种被称为"鼠路"的路线，可以使防守方在外围阵地与敌人交战并安全撤退，并避免己方士兵在开阔地里遭到火力杀伤。防守方可以在外围的街道上和己方后撤时需要经过的区域里设置路障和其他障碍物，从而减缓敌人的推进速度，并获得更多打击敌人的机会。

如果防守方的士兵要经过房屋和后院后撤，可以通过在墙上打洞的方式来开辟"鼠路"。这样一来，他们就可以穿墙过壁来机动。防守方可以在不同的地点建立隐蔽的火力阵地，然后让两组人马通过一系列鼠路向后机动，同时互相掩护，拖住敌人。

如果防守方用自动武器和狙击手把街道变成死亡陷阱，那么他们将迫使敌人进入建筑物以寻求掩护。但如果敌人有装甲车辆，那么防守方就需要设置障碍物，并使用反装甲武器来进行城市反装甲伏击。如果在敌人有装甲车辆的情况下，防守方没有装备反装甲武器，而只能用障碍物来减缓敌人的推进速度，那么防守方将很难阻止敌人沿着通向己方坚固支撑点的主要道路进行"闪电突击"。也就是说，如果防守方需要与敌人的主战坦克和装甲运兵车作战，就必须装备合适的武器。

在进行城市作战时，敌人通常会先包围城市的中心地带，然后沿着接近路线发起闪电突击，以夺取关键的坚固支撑点，最后再进行细致的清剿作战。如果敌人没有能发起闪电突击的装甲力量，那他们可能会采取另一种方法，即系统地逐屋战斗以清扫某些区域，再进入围攻坚固支撑点的阵地。

如果敌人试图以常规方式穿过建筑物来接近坚固支撑点或追赶后撤的守军，防守方可以用沿途的各个火力点、障碍物和陷阱来给敌人造成麻烦。在布置陷阱和障碍物时，既可以使用如绊索加简易爆炸装置这样的组合，也可以直接把门钉死，用家具或铁丝网填满房间，凿穿地板或楼梯井，布置带钉子的木板等。

下面我们再来说说坚固支撑点。这是防守方的主要防御地点，在对接近的敌人进行迟滞和削弱后，所有守军都会后退到这里。虽然这里是防守方要坚守的堡垒，但防守方还是要留下一些逃生路线，哪怕下水道。防守方要做好坚固支撑点被敌人围攻的准备，而且要建立起有掩护的射击阵地。防守方可以把射击阵地部署阁楼上——拆除一些瓦片或屋顶材料，以布置一个观察所和供狙击手藏身的地方。

此外，防守方务必尽量清除坚固支撑点周围的易燃物，准备好灭火设备，并在战术要点预先准备好弹药或弹夹堆放点。如果坚固支撑点是一栋建筑物，防守方必须确保封死了底楼的所有门窗。而且，即使在这栋建筑物内部，守军也不应该通过房门和楼梯井机动——应该在墙上打洞，在地板上凿洞且放置梯子（不用梯子时，可以将其抽走，以避免被进入底楼的敌人利用），并开辟出备用的鼠路。另外，防守方可以使用水沟管道材料制作手榴弹滑道，当敌人自下而上仰攻时，守军可以把手榴弹、炸药或燃烧瓶通过滑道扔到下面的敌人身上。当然，最重要的是——要确保射击阵地能够抵御来自下面楼层的火力！

一般来说，射击阵地应该有全方位的保护，这样一来，即使敌人进入守军所在的房间，后者仍然可以在掩体中作战。这里有一个小技巧——在房间的角落里制作"手榴弹棺材"（棺材形状的沙袋掩体）。当手榴弹被扔进房间的时候，守军可以进入这种掩体躲避。等手榴弹爆炸后，敌人会冲进房间，这时守军可以投出自己的手榴弹，或者探头用轻武器射击，或者双管齐下。

在大多数情况下，防守方应该通过制造障碍物的方式来使房子里的常规路线无法通行，例如用家具或铁丝网填满房间，拆掉楼梯或完全堵住楼梯，在楼梯上铺上抹油的木板。而且，防守方要在确保敌人无法从底楼进入的同时，防止他们从较高的楼层进入并自上而下发起攻击。因此，防守方可以在窗口处放置障碍物，如绳网、铁丝网或钉板。这些障碍物既能防止敌人进入，又不影响守军向外射击。

如果防守方建立了这样的防御体系，那么敌人就需要拥有极强的斗志才能通过突击来夺取阵地。当然，敌人也可能会尝试拉开距离，发起火攻或使用较大口径的武器，甚至用反装甲武器来破坏工事。面对这种情况，防守方不应该死守阵地，而是应该撤退，以保存实力。

5. 城市反装甲伏击

反装甲伏击的目的是在敌方装甲车队前进时，摧毁至少一辆装甲车辆，然后撤离，而不是对付整个敌方车队。反装甲伏击的意义在于减缓敌人的前进速度，并对其造成骚扰和减员。

城市反装甲（反坦克）伏击战是一种专为城市环境设计的特种作战程序。在这种作战环境中必然有街道、建筑、街道或小巷——它们是天然的隐蔽阵地。在面对接近中的敌方装甲车队时，防守方可以将街道、建筑、街道或小巷视为决策点。

防守方可以将参与城市反装甲伏击的部队分为早期预警组、杀伤组［杀伤组至少应该由组长和两名射手组成，射手需要配备能有效对付装甲的武器。之所以必须有两名射手并肩作战，主要是为了防止误射或射失。这两名射手将同时向同一辆装甲车辆（通常是为首的那辆）开火］和掩护组。具体的作战方式如下：

早期预警组（可能是一对搭档）将在一个观察阵地上等待，他们可以在那里看到敌方装甲车队的可能的行进路线——防守方可以利用障碍物来"引导"敌人改变行动路线。在发现敌方装甲车队之后，早期预警组要将情报转发给杀伤组和掩护组——可以通过通信员或无线电来传达情报。

然后，杀伤组和掩护组将进入阵地。杀伤组要占领敌人将会经过的主要街道一侧的小巷或胡同，而掩护组则要在更纵深的位置占领一个能观察到伏击地点的阵地——这可能意味着他们应该沿着伏击地点的主要街道，在远处找一座建筑物藏身。

当敌方装甲车队经过巷口时，其较薄弱的侧面装甲会出现在杀伤组组员的视野中。在组长下令发动伏击后，两名射手将同时向为首的装甲车辆开火。然后，他们将尽可能快地转身逃离阵地，向掩护组身后的集结点前进，与早期预警组会合或一起逃跑。

此时，掩护组将立即开火以掩护战友撤退。掩护组可能没有装备反装甲武器，但这并没有什么问题，因为掩护组的任务是压制伴随装甲车队的步兵或吸引其注意力，使杀伤组得以逃脱。理想的情况是，被摧毁的车辆部分阻挡住了街道，阻碍了敌人的追击行动。

最后，掩护组会迅速撤退。所有小组都将在集结点会合，然后立即向下一个后备阵地转移，尝试继续迟滞和削弱前进中的敌方装甲车队。如果身处较大的城市或行动区，掩护组还可以预先准备好车辆（用于撤至其他地点）。

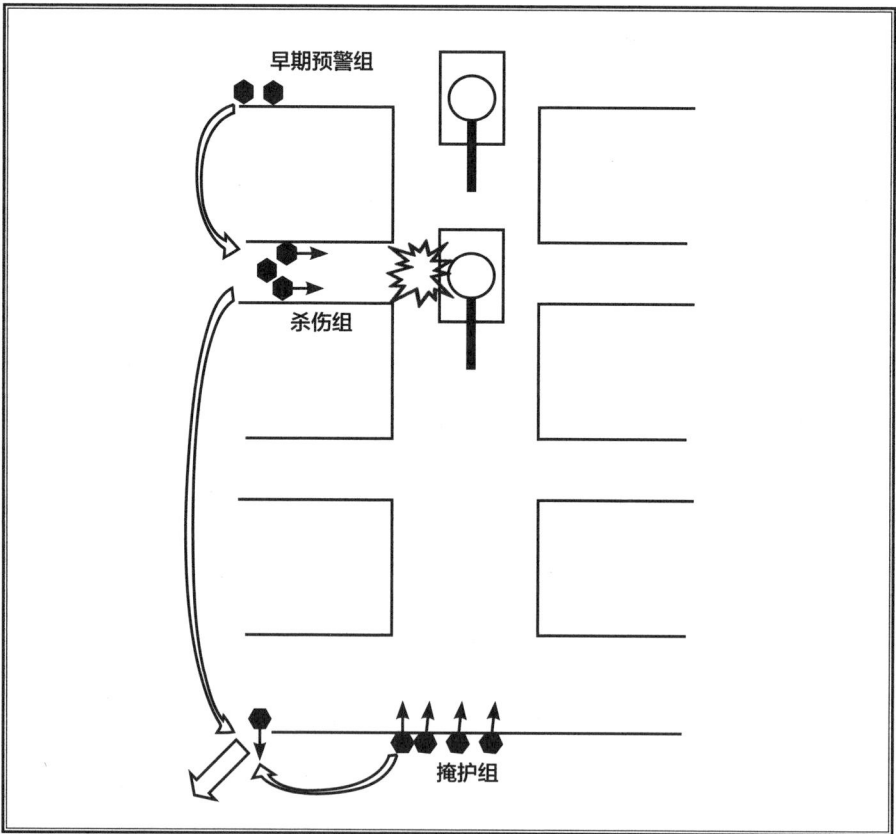

城市反装甲伏击战。

6. 排级防御阵地

下面，我们来看看基本的排级防御阵地在一般的战争环境中的布局。本小节中所讲述的内容，只是一个基础范例，旨在说明相关原则，并提供"基础模板"——比如，排长要率领一个排级规模的分队去防守一处偏远的地区，就可以参考此模板。在这种情况下，这个分队的阵地很可能看起来更像一个前进作战基地或战斗前哨，有两个或三个哨位或枪位，有带防护的生活设施，以及拥有某种形式的加固围墙。

有些时候，排级防御阵地会是一个更大的连级阵地的一部分，在其侧翼还有友军的阵地（本手册并不会对这些友军的阵地进行描述）。关于排级防御阵地，大家需要记住一个要点：它体现了防御的原则，即阵地的轮廓大致是三角形的，并拥有纵深和全面的、可相互支援的防御。

构建排级防御阵地并不是挖掘一系列战壕，然后让全排士兵都待在里面等待敌人发起攻击。其实，我们更应该把排级防御阵地看成是一个坚固的防御性巡逻基地。排级防御阵地与巡逻基地的不同之处在于前者更注重防御，而不是隐蔽。排级的小规模部队会以这个防御阵地为起点，部署前出的巡逻队和监视与观察站。巡逻队会一直前进到敌方阵地前沿，而监视与观察站则负责提供敌人接近的早期预警，并确定其行进路线和进攻轴线。只有这样，指挥官才能有效部署机动部队，并让那些位于静态防御阵地上的士兵进入待命状态。

挖掘战壕是一个复杂而艰苦的过程，除非部队配有挖掘机，否则其可能需要长达数十个小时的准备时间。在传统的步兵作战环境中，排级部队会得到一些用于防御的物资，包括铁丝网、尖木桩等物品，以及可用于构筑带顶棚防护的火力组战壕的部件——它们是一些可相互连接的波纹钢板，能放在挖好的壕沟内（可以形成一个拱顶，上面还可以回填泥土）。一般来说，排级防御阵地上的火力组战壕应该挖到及胸深的位置，并在战壕两端留出敞开的射击区（每个射击区可以容纳两个人）。在火力组战壕的中间，有一个带顶棚防护的掩体（能够容纳全组的四个步兵）。如果排长打算就地取材，他也可以让士兵直接在战壕的顶部建造顶棚，使战壕的结构更接近于地堡，或者用石头（垒石墙）、沙袋等材料在平地上构筑工事，而不是向下挖掘。

常规的战壕实际上几乎与地面平齐。如果士兵需要在一个有草的地方构筑工事，他首先要铲掉大片草皮，挖出堑壕，放置拱顶，并回填泥土以形成掩体顶棚。然后，他还要重新盖上草皮以掩盖挖掘的痕迹。一般来说，掩体的墙壁至少要达到两个沙袋的厚度，才能有效阻挡敌人的火力。而且，掩体的顶棚上至少要回填0.6米厚的泥土，才能让士兵免受间接火力的伤害。

在大多数情况下，一个排会下辖三个班（每个班有两个四人火力小组）、一个排部分队（排长、通讯员和排副也在其中），通常还会有一个轻型迫击炮组。因此，一个排至少要准备八条战壕——每个班两条战壕，排部两条战壕。

此外，士兵要根据需要，在防御阵地的前方和侧翼放置蛇腹形铁丝网、地雷或诡雷，以及一些绊索。蛇腹形铁丝网要用0.6米高的木桩支撑起来——把木桩敲入地下，然后把铁丝网缠绕在木桩上。在大多数情况下，三重（三排）蛇腹形铁丝网就足以阻挡坦克和装甲车。

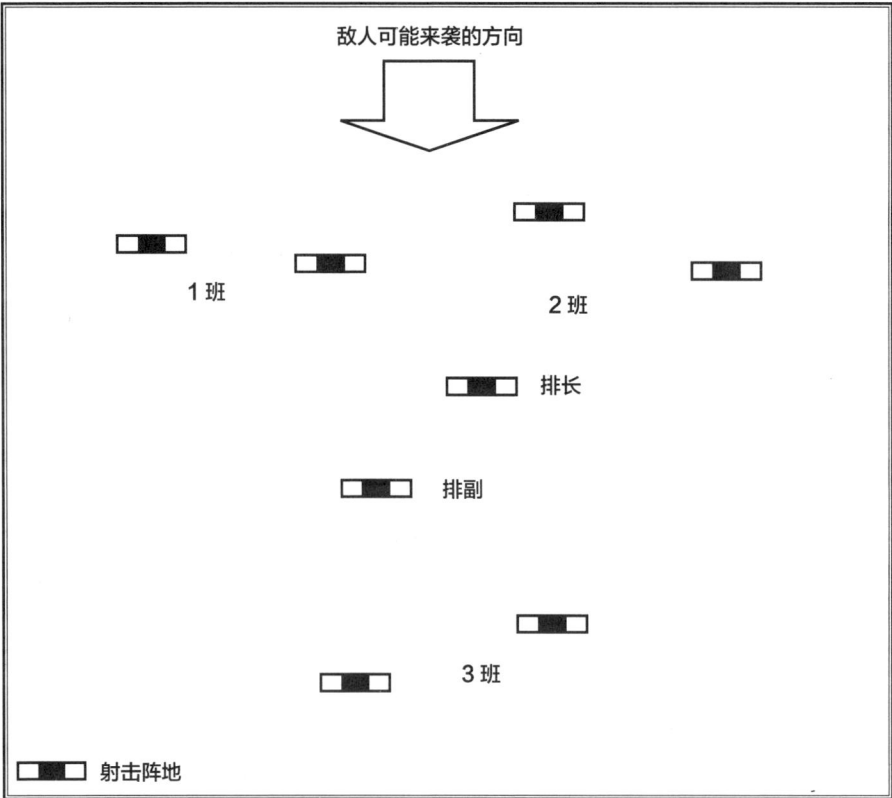

常规的排级防御阵地。

158

附录一

测距卡

　　测距卡是一种可用于防御阵地的工具，其用途是分配火力区域，提高给出目标指示和射击控制命令的能力。我们可以将测距卡看成是一种图表——底部中心处是其所对应的阵地，从该阵地向外有一圈圈同心测距环。测距卡会以平面图的形式反映出阵地前方的各种地形特征。阵地的射击扇区，通常会与地面上的实际可识别特征有关。在某些测距卡上，还会给出阵地左右两边的火力范围的方位角。一般来说，测距卡上还会提供物体的实际范围和方位角，以帮助士兵设置步枪表尺。各国都有正式的测距卡，例如美国使用 DA 5517-R 测距卡（见下页的图示，此测距卡可在互联网上搜索到）。

　　总而言之，测距卡上的内容应该包括：射击区域、目标参考点、死角、最大交战线、炮手参考点、武器符号、左右界限和寻北箭头。

标准测距卡

关于本表格的用法请参见《美国陆军野战手册 3-21.71》，
倡导机构为美国陆军训练与条令司令部。

班 _____ 排 _____ 连 _____	可用于各类直瞄射击武器	磁北极

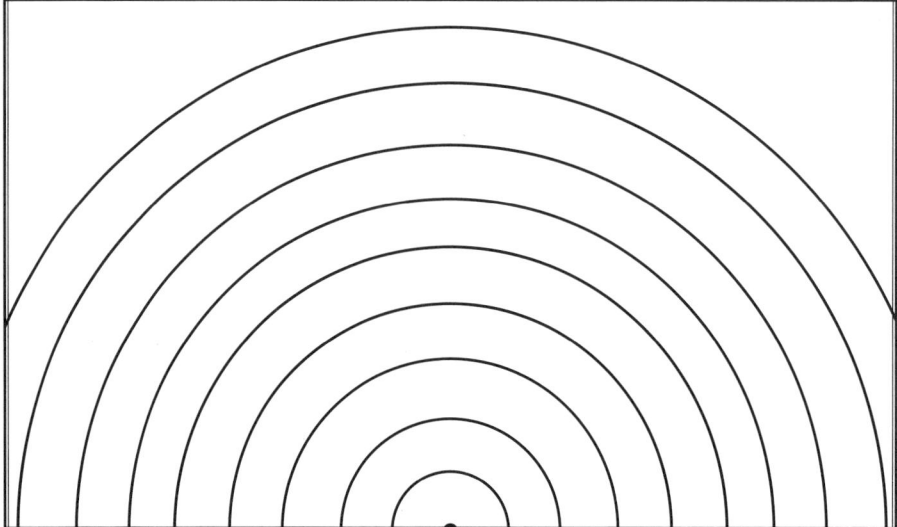

数据部分					
阵地标识			日期 _____		
武器			每个圆圈间隔_____米		
编号	方向 / 偏斜	海拔高度	射击距离	弹药	说明

备注：

附录二
火力支援

火力支援是间瞄武器与作战飞机支援等战斗计划的协同运用。指挥官需要将火力支援纳入其作战计划，以求取得决定性的结果。指挥官所拟定的计划中，应该始终包含各种形式的火力支援。火力支援可以压制敌人的观察，吸引敌人的注意力，实现即时压制，掩护部队撤离目标或脱离接触。

火力支援可以被用于打击巡逻路线上的关键地形特征、已知的敌方阵地、已知或疑似的伏击地点、已确定的危险区域的侧翼。此外，部队还可以在需要牵制敌人的情况下呼叫火力支援。例如，如果某支部队必须经过已被确定的敌方阵地附近，那么以大炮或迫击炮火力打击这些阵地就能吸引敌人注意力，让这支部队能顺利通过。

在这里，我们有必要了解一些基础概念。

第一，杀伤区。当迫击炮和大炮的炮弹爆炸时，弹片抛撒的区域从来都不是标准的圆形，有时甚至会不规则分布——取决于炮弹下落角度、地形坡度和土壤类型。不过，指挥官在拟定火力计划时，应该把每一发高爆炮弹的杀伤区都视作圆形。

第二，风险估计距离。风险估计距离的定义是：己方人员在不遭受不可忽略的伤亡（0.1% 或以上人员伤亡）的前提下可以接近己方火力打击点的最小距离。风险估计距离考虑了特定弹药的杀伤半径，以及投送系统的特征，并将两者的组合与发生伤亡（风险）的可能性关联起来。

第三，危险近距。如果在距离目标600米的范围内有任何己方部队，指挥官在发送给负责提供火力支援的部队的火力呼叫中，必须在打击方式部分包含"危险近距"这一短语。在校正海军舰炮火力时，如果军舰使用的是127毫米或以下口径的火炮，当距离目标750米的范围内有任何己方时，指挥官应该宣布"危险近距"；如果军舰使用的是127毫米以上口径的舰炮，当距离目标1000米的范围内有任何己方部队时，指挥官应该宣布"危险近距"。在有"危险近距"的火力校正任务中，前进观察员必须使用小幅校正法，即以100米以下的校正幅度来校正弹着点，并使其逐渐接近目标。

第四，火力呼叫。这是观察员负责提供的简要信息，它包含了射击指挥控制中心需要的所有信息。火力呼叫是对火力的请求而非命令。观察员必须快速发送火力呼叫信息。火力呼叫必须简明扼要，以确保射击指挥控制中心的记录员能理解、记录并无错误地重复。

间瞄火力任务的类型括包火力校正、效力射击、压制、即时压制、压制敌军防空、照明和释放烟幕等。

间瞄火力的能力					
武器	最大射程	最小射程	最大射速	杀伤半径	持续射速
60毫米迫击炮	3500米	70米	每分钟30发，可持续4分钟	30米	每分钟20发
81毫米迫击炮	5600米	70米	每分钟25发，可持续2分钟	40米	每分钟8发
120毫米迫击炮	7200米	180米	每分钟15发，可持续1分钟	60米	每分钟5发
105毫米榴弹炮	14000米		每分钟6发，可持续2分钟	35米	每分钟3发，持续30分钟后，每分钟1发
155毫米榴弹炮	18000米		每分钟4发，可持续3分钟	50米	温度允许的情况下，每分钟1发
155毫米双用途改进常规弹药(集束弹药)	18000米		每分钟4发，可持续3分钟	50米	每分钟1发，可持续60分钟

风险估计距离 (0.1% 伤亡概率)			
系统	1/3 射程	2/3 射程	最大射程
60 毫米迫击炮	100 米	150 米	175 米
81 毫米迫击炮	165 米	185 米	230 米
120 毫米迫击炮	150 米	300 米	400 米
105 毫米榴弹炮	175 米	200 米	275 米
155 毫米榴弹炮	200 米	280 米	450 米
155 毫米双用途改进常规弹药 (集束弹药)	280 米	300 米	475 米

风险估计距离 (10% 伤亡概率)			
系统	1/3 射程	2/3 射程	最大射程
60 毫米迫击炮	60 米	65 米	65 米
81 毫米迫击炮	75 米	80 米	80 米
120 毫米迫击炮	100 米	100 米	100 米
105 毫米榴弹炮	85 米	85 米	90 米
155 毫米榴弹炮	100 米	100 米	125 米
155 毫米双用途改进常规弹药 (集束弹药)	150 米	180 米	200 米

附录三
野战技能与基础知识

前期准备

保密——始终进行全方位保密。

弹药——分发弹药，装填弹夹。

武器——清洁和润滑武器、测试相关功能，有条件时还需要进行试射。

个人伪装（服装）——选择适合作战行动的伪装（服装）。

装备——确保装备齐全。

无线电——检查电池、频率、呼叫代号、无线电设备。

特殊装备——根据作战行动定制，如剪线钳等。

命令——领队交代作战任务。

观察

细看自己分配到的区域。

注意观察植被后面的情况，而不是植被本身。

人眼需要一定时间来适应黑夜。

要防止白光直射眼睛。

观察物体时要略偏向一侧。

可以考虑使用热成像设备进行观察——使用时仅用单眼观察，以保护另一只眼睛的自然夜视能力。

物体被看到的原因和应对方式

形状——物体明显的非自然的形状会很容易暴露目标。要适当使用伪装物。

光泽——非自然表面的反光、汗水的反光也会暴露目标。可用伪装油彩涂脸。

表面——非自然的表面会暴露目标。要适当使用伪装物。

侧影——日间或夜间天空的映衬，以及缺少合适的背景，也会暴露目标。要穿适合作战环境的服装。

间隔——大自然不会提供相等的间隔。在巡逻时要打乱间隔，不要保持等距。

移动——人在移动时，最容易被发现。在进行观察时，动作要慢，比如缓慢转动眼睛和头部。一定要避免像鸟一样快速转动头部。巡逻时也要缓慢而稳定地机动。

枪口火光——要考虑日间和夜间环境因素的影响。夜间，如果没有夜视仪，可以朝枪口火光处还击。可以使用制式消焰器，以减少枪口火光。不要使用枪口制退器。

伪装

使用适应地形的装备，穿适合作战环境的服装。

合理使用植物枝叶——以正确的方式铺开叶子，不要使用过多的叶子，换掉干枯的枝叶，转入另一种地形时要更换枝叶，利用枝叶改变身体（如头部、肩部）的形状，利用缝进装备的松紧带和帽子（头盔）的束带有效固定枝叶。

使用伪装油彩——可涂于面部、双手和手腕（暴露部分）。切记适量涂抹，别太多，也别太少。

判断距离

不依靠辅助手段判断距离的方法主要有两种：度量单位法和外观法。

在使用度量单位法时，观察者可以将一段已知的地面距离作为单位，然后计算自己与物体之间相隔多少个单位。在使用这种方法时，观察者要能看到自己和物体之间的所有地面，而且要估算的距离不能超过 400 米。

使用外观法的基础，是了解物体外观与其周边环境的对比情况。要熟练使用这种方法来判断距离，观察者必须在不同地形和观察条件下进行大量练习。比如，观察者需要了解在不同的距离上，一个人身上的可见细节。比如，距离 100 米时，能看清人身上的所有细节；距离 200 米时，能看清人身上的所有细节，能确定皮肤和装备的颜色；距离 300 米时，能看清人的身体轮廓和面部颜色；距离 400 米时，能看清人的身体轮廓；距离 500 米时候，人的头部变得难以辨认……

不过，外观法会受很多因素的影响，比如光线过于明亮、阳光直射观察者的眼睛、光线昏暗等。

判断距离的辅助手段

夹叉法——观察者估计物体与自身可能的最远距离和可能的最近距离，取两者的平均值作为测距结果。例如，如果估计最远距离是 1000 米，最近距离是 600 米，那么实际距离可能是 800 米。

减半法——适合用于判断距离不超过 1000 米的目标。观察者要在连接自身与物体的直线上确定中点，然后估计该中点的距离，再将其乘以二。这种方法主要的缺点是，判断与中点距离时的任何误差在计算完整距离时都会被放大一倍。

单位平均法——在时间足够的前提下，观察者应该多找几个人来估计物体的距离，然后取众人答案的平均值。如果所有人都熟练掌握了判断距离的技巧，这种方法将会特别精确。

望远镜——可以使用望远镜来估计距离，尤其是较远的距离。观察者可在已知物体高度的情况下，使用望远镜来估算距离。如果已知物体高 4 米，而且它刚好可以被最小的刻度线遮盖，那么它与观察者之间的距离就是 1000 米左右；如果已知物体高 8 米，而且它刚好可以被最小的刻度线遮盖，那么它与观察者之间的距离就是 2000 米。

风偏修正

射手与目标的距离如果超过 100 米，横风会使子弹出现相当大的偏移。为此，射手要将瞄准点向迎风方向移动。风偏修正量取决于风力大小。

手势信号约定

士兵在传递手势信号时必须明白，有些信号应该立即接力传递，而有些信号则必须等下一个人到达相应位置后才能传递。

需要立即传递的信号包括"不要动""停止前进""有敌人"等。

不能立即传递的信息包括在植被变化处给出的变换队形信号、集合点信号等。

在行动时，所有人都必须始终进行观察——除了观察各自负责的扇区外，还应与前方和后方队友保持目视接触。有时候，士兵还需要用听觉信号来辅助交流，比如用指头敲一下弹匣。待在固定射击阵地里的士兵可能会走神，或只注意对外射击扇区。此时，向他们的头盔上丢一颗小石头，就能引起他们的注意。

附录四

战场救护

有很多关于战场救护的书，都全面阐述了处理伤员的操作和程序。因此，本手册只会对战场救护进行一些简单的介绍。

战场上可预防的三大死因是：四肢出血、气道阻塞和"吸胸伤"（气胸或血胸，或两者的组合）。如果战斗救生员接受过培训并配备了相应装备，可以对这些问题进行基本处理。不过，有些伤势意味着伤员根本无法存活，医疗护理不会有任何效果，例如严重的内出血或可见的脑组织外流等。

战斗环境中，如果有大出血的体征，那么对大出血的处理优先于对气道伤势的处理。止血带曾经被视作最后的救急手段，但现在它们被认为是战斗环境中应该优先使用的工具。

应该高度重视战斗救生员培训，以确保有机会获救的伤员能得到他们所需的即时护理。士兵应该按照团队的标准操作程序来维护、储存和携带个人急救包。在每次执行任务前，士兵都要检查个人急救包。个人急救包应该放在个人装具的标准位置上。一般情况下，战斗救生员是不会用他们自己的个人急救包来对其他人进行治疗的。

战斗救生员不应该为了抢回伤员而将自己暴露在危险中。战术指挥官有责任制定并执行一个快速计划（包括获得火力优势的措施），从而让战斗救生员在战术形势允许的情况下抢回任何伤员。有些时候，战术形势可能不允许指挥官这么做。

如果伤员位于杀伤区中，战斗救生员应该评估伤员是否还活着。如果伤员还有意识，战斗救生员应指示他们还击、自救、爬到掩体里或躺着不动，但不要让他们装死。一旦有可能接触到伤员，战斗救生员唯一应该采取的治疗措施，就是快速在伤员的肢体上"高而紧"地绑上止血带（指紧紧绑在腿或手臂的根部，也就是在腹股沟或腋下），以防止肢体出血。然后，迅速将伤员转移到掩体里（如将他们拖入掩体）。不过，战斗救生员一定要注意掩体的拥挤问题，以及敌人是否在用伤员做诱饵。

在使用止血带时，如果创伤没有造成断肢，那么止血带需要紧到足以使远端脉搏（足部或手腕处的脉搏）停止的程度。在这个阶段，战斗救生员不用检查伤员的脉搏，只需要扎紧止血带就好。如果创伤导致伤员断肢，战斗救生员必须将止血带系得高而紧，直到断肢处停止出血。

战斗救生员不要因为怕弄痛伤员而将止血带绑到"刚好够紧"的程度，一定要把止血带绑紧到足以使远端脉搏停止的程度。如果不这样做，持续进入肢体的少量血液就可能会引发骨筋膜室综合征——这是一种毒素堆积的症状，当止血带被拆下时，毒素会涌入体内，对伤员造成严重伤害。

如果需要使用自制的简易止血带，战斗救生员要确保带子的宽度不小于5厘米，以防止它嵌入肉体。

一旦伤员不再位于杀伤区，战斗救生员就可以进入战地救护阶段。在战场上，进行心肺复苏术是不合适的，也就是说，只有还有脉搏和呼吸的伤员才能接受治疗（在其他情况下，也许可以进行心肺复苏术，例如伤员已经身处安全的地方）。战斗救生员在这一阶段应该对伤员的伤情进行评估，并根据下面的顺序尽力处理伤势：大出血 → 气道 → 呼吸系统 → 循环系统 → 体温过低。

伤员移动是治疗和疏散伤员的几个最大挑战之一。人工拖拽和搬运在短距离内有效，但不能持续。因此，应在车辆上携带合适的担架，以便在乘车和徒步将伤员撤出战场时使用。至于车辆本身，可以对移动和疏散伤员起到最大帮助。

车辆，特别是有装甲的车辆，可以用来掩护、隐藏、救出和疏散伤员。车辆内的空间可能会很紧张，但有车就意味着战斗救生员可以对伤员进行治疗，从而缩短在治疗机构进行最终治疗的时间。对于可能超出战斗救生员处理能力的重伤，快速疏散并在途中提供尽可能好的救护将是挽救生命的最大保障。

现在，经典的消防员背负法（将伤员横过来扛在肩上，一手握住伤员的一条手臂，另一手扶住伤员的一条腿）已经不太使用了——不仅仅是因为伤员的身体重量的问题，还有士兵之间的体重差异的问题，例如小个子的女性没法用这种方式来背负大个子男性。如今，取代消防员背负法的是霍斯式背负法——伤员趴在救援者的背上，双臂环抱后者的颈部或肩部（伤员的脚会在地面上拖动或滑动）。在伤员有一定意识的情况下，这种背负方式是最轻松的。此外，在采用霍斯式背负法时，救援者还能在移动过程中腾出一只手来操作枪支。当然，最有效的短距离移动伤员的方法，依然是拖曳他。

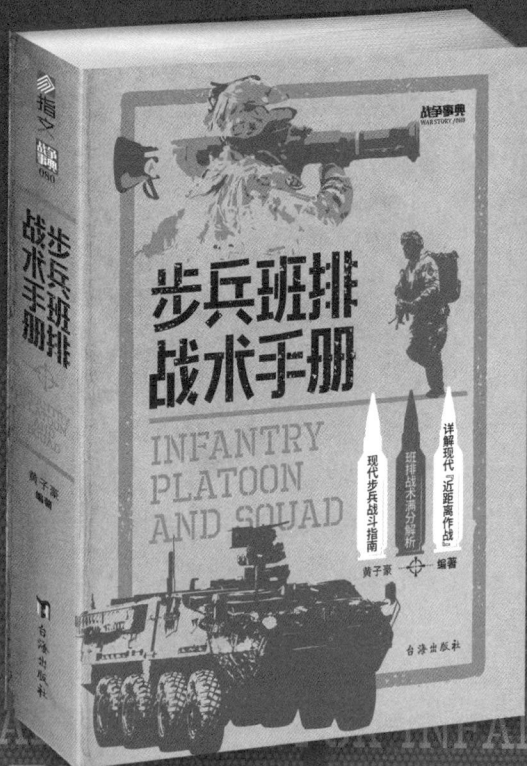